弘扬中华优秀传统体育文化与坚定文化自信研究

江小牛 / 著

SPM 南方传媒 广东人民出版社
·广州·

图书在版编目（CIP）数据

弘扬中华优秀传统体育文化与坚定文化自信研究 / 江小牛著. -- 广州 : 广东人民出版社, 2025. 4.

ISBN 978-7-218-18413-5

Ⅰ. G852.9

中国国家版本馆 CIP 数据核字第 2025810BU3 号

HONGYANG ZHONGHUA YOUXIU CHUANTONG TIYU WENHUA YU JIANDING WENHUA ZIXIN YANJIU

弘扬中华优秀传统体育文化与坚定文化自信研究

江小牛　著

出 版 人：肖风华

责任编辑：马妮璐
责任技编：吴彦斌　唐于鹏
装帧设计：沈加坤

出版发行：广东人民出版社
地　　址：广东省广州市越秀区大沙头四马路 10 号（邮政编码：510199）
电　　话：（020）85716809（总编室）
传　　真：（020）83289585
网　　址：http://www.gdpph.com
印　　刷：北京亚吉飞数码科技有限公司
开　　本：710mm×1000mm　1/16
印　　张：14　　字　　数：222 千
版　　次：2025 年 4 月第 1 版
印　　次：2025 年 4 月第 1 次印刷
定　　价：86.00 元

如发现印装质量问题，影响阅读，请与出版社（020-85716849）联系调换。
售书热线：（020）87716172

前　言

中华传统体育文化源远流长，涵盖了武术、棋艺、龙舟、舞龙舞狮等诸多内容。这些体育活动不仅具有强健体魄、磨炼意志的实用价值，更蕴含着深厚的哲学思想、道德观念和审美追求。它们通过一代又一代人的传承与发展，逐渐形成了独具特色的文化体系，成为中华民族精神文化的重要组成部分。

然而，随着现代社会的快速发展和西方文化的冲击，中华传统体育文化面临着诸多挑战。一方面，一些传统体育项目逐渐淡出人们的视野，其传承与发展面临困境；另一方面，一些人对传统文化的认知与理解存在偏差，甚至产生文化自卑心理。在当今全球化时代背景下，如何弘扬中华优秀传统体育文化这一独特而宝贵的文化遗产，并坚定我们的文化自信，已成为摆在我们面前的重要课题。

本书主要围绕弘扬中华优秀传统体育文化与坚定文化自信展开研究，首先阐明文化自信的内涵与意义，提出新时代坚定中华文化自信的基本路径，其次分析文化自信与中华优秀传统文化的关系，再次阐释文化自信视角下的中华优秀传统体育文化，然后重点在文化自信视野下深入研究中华优秀传统体育文化的有效传承、非遗保护以及国际传播，最后探索以中华传统体育文化培育文化自信的科学策略。通过本书，我们期望能够唤起更多人对中华优秀传统体育文化的关注与热爱，推动其在现代社会中的广泛传播与深入发展。同时，我们也期望通过坚定文化自信，增强民族自豪感和文化认同感，为中华民族的伟大复兴贡献力量。

与其他同类书相比，本书在内容结构与写作上表现出如下特色：

第一，紧扣主题，深入研究。党的二十大报告指出，“中华优秀传统文化源远流长、博大精深，是中华文明的智慧结晶”。它是根，守住根才能更好地开辟未来。而中国优秀传统体育文化是中华优秀传统文化的重要组成部分,它也是我们开辟未来所必不可少的。本书紧紧围绕弘扬中华优秀传统体育文化这个主题进行深入研究,以探索坚定文化自信的发展道路。

第二,结构完整,内容丰富。本书从文化自信的理论阐释出发,逐步探索它与中华优秀传统文化之间的关系,然后聚焦于文化自信视角下的中华优秀传统体育文化,探索其发展的有效传承、非遗保护、国际传播、科学策略等。本书由面及点进行展开,全书结构比较完整,在各部分的研究过程中,论点鲜明,论据充实,内容十分丰富。

本书在撰写过程中参考并借鉴了很多专家、学者的研究成果,在此表示诚挚的感谢。由于作者水平有限,书中难免有不妥与疏漏之处,敬请广大读者批评指正。

作　者
2024年4月

目　录

第一章 文化自信的内涵与意义

文化自信是一个政党、一个国家、一个民族对自身理想、学说、价值观等发自内心的敬畏和尊崇,以及由此产生的积极向上的心理状态。文化自信是最广泛、最基础、最深厚的自信。提升文化自信,是实现中华民族伟大复兴的前提和保障。

第一节　文化自信的提出

文化自信作为国家、民族发展之基石,其深远影响与内在价值不容忽视。它扎根于深厚的历史土壤,又与时俱进,展现出勃勃生机。在庆祝中国共产党成立95周年大会上,习近平总书记正式提出将文化自信与道路自信、理论自信、制度自信并列为“四个自信”,这既是中国共产党人的坚定信念,也是国家繁荣发展的坚实支撑。

文化自信的内涵既包含对本民族文化的深刻认同与由衷自豪,也涵盖对文化创新发展的不懈追求与坚定信念。在新时代中国特色社会主义的宏大背景下,文化自信被赋予了更为丰富的时代内涵与更为崇高的历史使命。坚定文化自信,就是要坚定对中华优秀传统文化的传承弘扬,对革命文化的赓续发展,对社会主义先进文化的创新引领。

文化自信的建构是一项系统工程,需遵循科学的逻辑,经历长期的积累与沉淀。这要求我们深入挖掘文化传统的精髓要义,积极传承优秀文化基因;推动文化创新,激发文化创造活力;加强文化交流互鉴,提升文化开放水平。唯有如此,我们才能在全球化浪潮中保持文化的独立性与多样性,实现文化的繁荣与发展。因此,在新时代中国特色社会主义的伟大征程中,我们应更加深入地理解并把握文化自信的丰富内涵与建构逻辑,将其转化为推动国家文化软实力提升、实现中华民族伟大复兴的强大动力。通过加强文化建设、促进文化创新、深化文化交流,不断增强文化自信,为实现中华民族伟大复兴的中国梦提供坚实的精神支撑和文化保障。

在新时代的征程中,文化自信已经成为推动中国特色社会主义事业不断前进的重要动力。文化自信不仅是对传统文化的坚守和传承,更是对新时代文化的创新和发展。它包含着对中华民族优秀传统文化的自豪感和归属感,同时也体现出对中国特色社会主义文化的坚定信念和自信态度。

在新时代背景下，文化自信的内涵更加丰富多元。它要求我们既要深入挖掘和传承中华优秀传统文化的精髓，又要积极吸收借鉴世界优秀文化成果，形成具有中国特色、时代特征、民族特点的文化体系。同时，文化自信也要求我们不断推进文化创新，以新的文化形态、文化产品和文化服务满足人民群众日益增长的精神文化需求。

在构建文化自信的过程中，我们需要遵循一定的逻辑和路径。首先，要坚持以人民为中心的发展思想，把人民群众对美好生活的向往作为文化建设的出发点和落脚点。其次，要深化文化体制改革，完善文化管理体制和文化生产经营机制，激发文化创新创造活力。再次，要加强文化基础设施建设，提高公共文化服务水平，让人民群众共享文化发展成果。最后，要加强国际文化交流与合作，推动中华文化走向世界，提升中华文化的国际影响力。

新时代背景下，我们立足于中国特色社会主义道路、理论和制度的坚定自信，进一步凸显文化自信的重要性。这既是对中国特色社会主义内涵的深入解读与精准把握，也彰显了我们对于未来发展的坚定信心。文化自信的强调，体现了我们更为系统、更为深刻的文化自觉，以及在此基础上的文化建设与创造。这一理念的提出，不仅展现了中国特色社会主义现代化建设的显著成果，更揭示了我们面对全球化挑战时的清醒与自持。同时，它也为我们在复杂多变的国际环境中坚定推进中国特色社会主义现代化建设指明了方向。文化自信，是在文化自觉与文化自省的基础上动态生成的民族文化心理与特质。在全球化的广阔舞台上，文化自信已成为一个国家、一个民族积极融入并影响世界的核心素质。这种基于文化自觉的文化自信，是文化发展最持久、最深沉的驱动力，为文明社会的建设提供了坚实的支撑与引领。只有坚定文化自信，我们才能不断推动中国特色社会主义事业蓬勃发展，持续提升文化软实力，为人类文明创造新的辉煌篇章。

第二节　文化自信的概念与内涵

文化自信之坚实基石，实则源自我们博大精深且珍贵无比的文化资源。中华优秀传统文化、红色革命文化以及社会主义先进文化，三者犹如三根支柱，共同构筑了文化自信的稳固大厦。其中，中华优秀传统文化犹如参天古树，深深扎根于历史的沃土，成为文化自信生生不息的根源；红色革命文化则如同烈火真金，历经风雨而更显坚韧，铸就了文化自信不屈不挠的灵魂；而社会主义先进文化则如清泉活水，源源不断地注入新的活力，是文化自信持续发展的根本动力。这三种文化形态相互辉映，共同展现了中华文化自信的独特风貌与深邃内涵。

坚定文化自信，我们要矢志不渝地坚守马克思主义在文化建设中的引领角色，紧密贴合中国具体国情，将“以文化人”作为核心理念，推动文化事业的繁荣进步。我们必须注重文化的民族特色与时代精神的融合，有效发挥文化产业在社会文化发展中的正向作用，并持续推动马克思主义文化观的持续创新。

在新时代的征程中，文化自信理论从多个层面为党的建设注入了新的活力。我们注重意识形态领域的建设，深化制度文化的发展，推进廉政文化的建设，始终坚守马克思主义的指导地位，以民族文化的根基为立足点，以人民需求为导向，积极培育与践行社会主义核心价值观，从而彰显中国特色社会主义文化的鲜明特色。

文化自信的践行，最终旨在推动具有鲜明中国特色的社会主义先进文化在新时代的蓬勃发展。我们应以兼具民族底蕴与时代风貌的先进文化为旗帜，引领社会主义经济建设的繁荣、政治改革的深化和文明程度的提升，不断满足人民群众日益增长的精神文化需求，并发挥先进文化在价值塑造与梦想鼓舞方面的核心作用。同时，我们还应通过先进文化的展示，向世界传递中国精神、展示中国风采，进而提升中国在国际文化领域的竞争力和影响力。

文化自信是在社会历史的长期积淀中逐渐形成的一种深层的文化心理与独特的民族品格。在“四个自信”的理论体系中，文化自信的形成是建立在坚持中国特色社会主义现代化建设道路的基础上，并在社会主义建设的理论创新与制度完善的自信中逐渐孕育而成。可以说，文化自信是在道路自信、理论自信和制度自信的坚实支撑下逐渐成熟的一种文化自觉与民族自豪感。道路自信、理论自信和制度自信为文化自信提供了实践的动力与理论的支撑，而文化自信又反过来强化了这三者的实践效果，它们之间形成了良性互动、共同发展的关系。在推进现代化建设的伟大征程中，文化自信与道路自信、制度自信和理论自信相互交融、相互促进，共同构筑并丰富着中国特色社会主义的理论体系与实践成果。[①]

第三节　增强文化自信的意义

文化是国家和民族的灵魂，体现其品格。保持并践行这种内在精神，彰显文化价值，是文化生命力的体现和族群文化自信的表现。文化自信包含四个层面：对自身文化的强烈认同与自豪感，合理扬弃自身与外来文化，坚定文化生命力信念，铸造共同精神家园。文化自信对其他三个自信有引导和保障作用。面对多元文化共存的现状，正确认识中国发展实际，科学辨识各种文化本质，理性扬弃传统文化与外来文化，增强文化自觉与自信，具有重要的现实意义。

一、文化自信的现实功能

文化自信的实际效用在于，作为国家和民族的根基，文化深深根植于我们的日常生活之中，不仅反映了人类的实践活动，更规范着我们的行为方式，从而实现了其在社会治理和教育引导方面的作用。文化通过

① 单丽．新时代的中华优秀传统文化与文化自信的建立研究［M］．北京：中国纺织出版社，2021：4.

其独特的价值观念和意义体系，为我们提供了一个解读和组织世界的框架，以鼓励和引导的方式促使社会成员形成共同的行动准则。在此过程中，文化受众在认识自我和他人的同时，也借助集体身份和社会行动，将社会各个部分紧密地联系在一起，构建成一个有序的整体。

文化不仅融合了实践、理论和制度等多个层面，更发挥着基础、深沉且持久的作用，成为国家和民族的灵魂所在。它赋予了我们信仰和信念的坚实支撑，使我们在面对各种挑战时能够坚定信心、勇往直前。建立在优秀文化基础上的自信心，是一个共同体能够持续发展和壮大的重要动力源泉。这种自信不仅激励着国家、民族和个人投身于各种实践活动，不断成就自我，更成为我们精神世界的源泉和动力。

文化自信深藏于国家的发展道路、理论体系和制度架构之中，体现为一种深层次的精神追求和独特的精神标识。我们对自身文化的功能和价值深信不疑，这正是文化自信的基本体现。同时，文化自信也彰显了文化对时代的深刻洞察和价值引领，而文化的强大功能则是这种自信得以存在和持续发展的前提与保障。

二、文化自信是应对文化冲突的理性支撑

在一定程度上，文化扮演着界定客观对象界限的重要角色。自个体诞生之初，便身处某一特定的文化共同体之中，历经“文化濡化”的熏陶，通过积极投身于文化共同体的塑造，与之共同演进。不同文化共同体间的界限，已然成为区分人类多样性的关键要素之一。鉴于当前社会背景下，文化边界问题愈发错综复杂，我们亟须依托人类理性的力量来应对挑战。因此，应以科学理性的态度，深入剖析文化的内涵与外延，精确界定其与其他相关对象的本质差异，进而揭示并阐明文化对象的独特属性与规定性。

三、文化自信是提升文化软实力的不竭动力

文化自信与文化软实力之间关系密切，文化自信在提升国家文化软实力中发挥着核心作用。文化自信不仅是对自身文化价值的认同和肯定，更是一种对文化生命力的坚定信念。这种信念能够激发文化创新的活力，推动文化的发展和繁荣，进而提升国家的文化软实力。

在全球化背景下，面对多元文化的交融与冲突，坚定文化自信显得尤为重要。它有助于我们在保持文化特色的同时，吸收和借鉴其他文化的优秀成果，丰富自己的文化内涵。这种文化自信的力量，能够使我们在国际舞台上更好地展示中国文化的魅力，传播好中国声音，讲好中国故事。

文化软实力是国家综合实力的重要组成部分，它体现了一个国家文化的吸引力、感召力和影响力。坚定文化自信，就是为了实现文化自强，进而提升国家的文化软实力。通过弘扬中华优秀传统文化、培育践行社会主义核心价值观、推动文化创新等方式，我们可以不断增强文化的凝聚力和向心力，提升文化的传播力和影响力。

同时，我们也应该意识到，文化自信并不是封闭的、排他的。在坚定文化自信的基础上，我们应该以开放包容的心态参与文明交流互鉴，吸收借鉴人类一切文明成果。这样不仅能够丰富我们的文化内涵，也能够提升我们的文化竞争力，使我们在国际文化交流中更加自信、从容。

文化自信是提升文化软实力的不竭动力。在新时代背景下，我们应该进一步坚定文化自信，推动文化繁荣发展，为实现中华民族伟大复兴的中国梦提供强大的精神支撑和文化保障。

四、文化自信是社会主义事业的坚定基石

文化自信是社会主义事业的坚定基石，是推动国家持续发展的不竭动力。自改革开放以来，我国在经济、科技、文化等多个领域取得了举世瞩目的辉煌成就，这一切都离不开我们坚定不移的文化自信。这份自信源于我们对中国特色社会主义道路的深刻认识和坚定信念，源于我们对中国特色社会主义理论体系的不断创新和发展，源于我们对中国特色社会主义制度的日益完善和稳固，更源于我们不断繁荣发展、充满活力的中国特色社会主义文化。

五、文化自信领航"两个一百年"奋斗目标

一个国家的强盛与民族的昌盛，离不开文化的繁荣与兴盛，其奠定了坚实根基。我们要坚信并坚定我们的文化自信，从而推动文化的蓬勃发展，为当代中国的发展进步提供源源不断的精神滋养。这不仅能够助

力我们实现“两个一百年”奋斗目标,还能为实现中华民族伟大复兴的中国梦提供坚实的文化支撑与保障。在全面建成小康社会的伟大征程中,我们必须矢志不渝地推进中国特色社会主义建设,为实现中华民族伟大复兴的中国梦而不懈奋斗。在这一过程中,我们必须始终坚持走中国特色社会主义道路,大力传承和弘扬中国精神,汇聚起强大的中国力量,共同书写新时代的华彩篇章。

第四节　新时代坚定文化自信的基本路径

一、增强文化认知

中国特色社会主义文化深深根植于中华民族五千多年的文明历史,特别是中华优秀传统文化之中。这种文化在党领导人民进行革命、建设和改革的伟大实践中,与革命文化和社会主义先进文化相互融合、共同发展,形成了独具特色的中国特色社会主义文化体系。

(一)从治国理政的高度认知文化自信

文化兴则国运兴,文化强民族强。没有高度的文化自信,没有文化的繁荣兴盛,就没有中华民族伟大复兴。这一论述深刻揭示了文化自信对于国家发展、民族振兴的重大意义,将文化自信提升到治国理政的战略高度。

1. 文化自信是治国理政的根基

文化自信是国家强盛、民族兴旺的基石。它代表了一个国家、一个民族对自身文化的认同感和自豪感,是支撑国家发展、民族进步的精神力量。在全球化背景下,文化自信不仅是一个国家、一个民族保持独立性和独特性的重要标志,也是推动国家繁荣、民族振兴的重要动力。

文化自信是国家治理之道。文化自信与国家治理体系和治理能力密切相关。一个国家的治理体系和治理能力,往往受到其历史传承和文化传统的影响。在中国,历史积淀了丰富的国家治理智慧和经验,这些智慧和经验是治国理政的重要资源。文化自信能够激发人们对自己文化的认同感和自豪感,增强国家的凝聚力和向心力,为治理体系和治理能力现代化提供有力支撑。

文化自信是兴党之要。文化自信对于党的建设和发展具有重要意义。一个政党的党内政治文化,是其思想引领、精神支柱和道德教养的集中体现。中国共产党历来重视文化建设,将文化建设作为党的建设的重要组成部分。文化自信能够增强党员对自己文化的认同感和自豪感,提高党员的道德素质和政治觉悟,为党的建设和发展提供有力保障。

文化自信是复兴之魂。文化自信是实现中华民族伟大复兴的精神支柱。实现中华民族伟大复兴需要物质文明和精神文明均衡发展、相互促进。在这个过程中,文化自信能够激发人们的爱国热情和奋斗精神,凝聚人心、汇聚力量,为实现中华民族伟大复兴提供强大精神动力。同时,文化自信还能够推动中华文化走向世界、提高国际影响力,为实现中华民族伟大复兴提供有力的文化支撑。

2. 以文化自信促进国家治理水平提升

习近平总书记不仅是文化自信理论的倡导者,更是这一理念的坚定践行者。他的文化自信观念深深根植于中华民族五千多年的灿烂文明之中,并在国家治理与领导实践中得到了充分的展现与验证。

习近平总书记特别注重"中国"这一词汇的使用,如"中国梦""中国道路""中国理论""中国制度""中国精神""中国力量""中国声音"和"中国话语"等概念,这充分展现了他对中华优秀传统文化的深厚情感和对中国特色社会主义的坚定信念。他多次强调全党同志要坚定"四个自信",即道路自信、理论自信、制度自信和文化自信。这种自信不仅源于对历史的深刻洞察,更源于对现实的清醒认识和对未来的坚定信念。

在深入剖析习近平新时代中国特色社会主义思想时,我们不难发现,这一思想深刻体现了对中华民族五千多年灿烂文明的坚定自信、对党的光荣传统的深切自豪、对坚持和发展中国特色社会主义的坚定信念,以及对党和国家事业光明未来的充分信心。这种自信不仅赋予了这一思想宏大的气魄、宽广的视野和深远的格局,更赋予了当代中国共产党人以自信从容的姿态,勇于直面并应对前进道路上各种风险挑战的能力。

作为社会公众的楷模和公权力的执行者,各级领导干部应当积极担当起传承优秀民族文化、弘扬当代先进文化的重任,成为践行文化自信的表率和实践者,以实际行动引领和推动文化自信在全社会范围内的深入发展。他们应当深入学习习近平新时代中国特色社会主义思想,坚定“四个自信”,以文化自信为引领,不断提升自身的文化素养和治理能力,推动国家治理体系和治理能力现代化。同时,他们还应当积极传播中华文化,讲好中国故事,提升中华文化的国际影响力,为实现中华民族伟大复兴的中国梦贡献自己的力量。

(二)创新性发展创造性转化中华优秀传统文化

习近平总书记在文艺工作座谈会上强调了坚定文化自信的重要性,并指出这离不开对中华民族历史的深入理解。他深刻阐述了中华优秀传统文化在增强文化自信、培育社会主义核心价值观中的核心作用。这份独特的文化遗产,不仅构成了中华民族的精神支柱,也是我们能够在全球文化交融中保持自身特色与稳定性的坚实基础。

1. 中华优秀传统文化是文化自信的基石

立足中华优秀传统文化是增强生命力的必然要求。汤因比统计过26个文化形态,但现今仅有七八个传承。中华文化历经磨难,但发展从未中断,显示了其强劲生命力。要延续其生命力,需结合时代,融入当代文化建设,成为新形态的有机部分。中共十八大后,党中央强调文化自信的重要性。结合传统文化与提升文化自信工程,必将增强和延续其生命力。

根植于中华优秀传统文化的深厚土壤,是文化发展的必由之路。强化文化自信,无疑是推动当代中国文化进步不可或缺的关键步骤。任何民族的文化建设与繁荣,都需要在既有的历史脉络与扎实根基之上,逐步前行,即必须深入挖掘并传承本民族历史中蕴含的灿烂文化。

立足中华优秀传统文化对于提升国家软实力至关重要。一个国家的综合实力不仅涵盖了经济、科技和军事等硬实力要素,同样包含了文化、意识形态和价值观等软实力要素。在当前全球化的背景下,国家间的竞争与较量,已不再局限于硬实力的比拼,还包括以文化为核心的软实力的较量。

2. 对中华优秀传统文化的新认知

中华传统文化,以儒家思想文化为核心,并吸纳了道家、佛教等多元思想流派,构筑了博大精深的文化体系。这一体系内既有积极、卓越的文化元素,亦不乏消极、应予剔除的糟粕。而中华优秀传统文化,则特指那些历经漫长历史沉淀,发挥积极历史作用,且至今仍具备重要价值的思想文化。这些文化不仅是中华民族的宝贵精神遗产,更是中国特色社会主义文化建设的坚实基石。

中华传统文化,作为中华民族精神的核心,不仅是滋养社会主义核心价值观的沃土,更是我们在多元文化的冲击下坚守文化独立与稳定的重要基石。这份传统,承载了中华民族最深沉的精神向往,凸显了独特的民族气质,使我们能够在纷繁复杂的世界文化舞台上保持自我,不迷失方向。此外,中华优秀传统文化还是我们民族最宝贵的文化资产,它蕴含着丰富的文化资源与智慧,为我们应对各种挑战提供了有力的支撑与启示。

3. 中华优秀传统文化的创造性转化与创新性发展

创造性转化与创新性发展的核心在于,根据时代的进步和需求,深入挖掘和阐释中华优秀传统文化的深层价值,赋予其新的时代意蕴和表达形式,使其与现代文化相互融合、相互促进,共同服务于以文化引领时代进步的历史使命。这既是对传统文化的尊重和继承,也是对其的创新和拓展。

创造性转化意味着我们要根据时代的变迁,灵活调整传统文化中不适应现代社会的元素,赋予其新的时代价值和表现形式。这种转化并非简单的复古或模仿,而是在保持传统文化精神实质的基础上,进行现代化、通俗化的创新表达,使其更好地融入现代生活。

创新性发展则强调在继承传统文化精髓的基础上,紧跟时代步伐,不断对传统文化的内涵和表达方式进行丰富、革新和完善,以提升其时代影响力和感召力。这种发展既保持了传统文化的精神内核，又注入了新的时代元素，使传统文化焕发出勃勃生机。

创造性转化与创新性发展的最终目标是推动中华优秀传统文化成为当代中国先进文化的重要组成部分，即构建具有中国特色的社会主义文化体系。这不仅要求我们在传承和弘扬中华优秀传统文化的过程中，为我国社会主义文化建设提供有力支撑，还要推动其走向世界舞台，为世界文化的繁荣发展贡献中国智慧和中国力量。

4. 夯实提升文化自信的传统文化深厚底蕴

中华文化，历经五千载岁月沉淀，独具魅力与精神内核，为中华民族的文化自信提供了坚实的基石。中华文明因文化的璀璨而熠熠生辉，中华文化又因文明的深厚而自信满满。在新时代的征程中，我们必须致力于对传统文化的创造性转化与创新性发展，既不忘本来之根，又积极吸收外来之优，同时面向未来，努力提升国家文化软实力，从而为实现民族复兴的中国梦注入强大的精神动力。

汲取中华优秀传统文化的智慧，夯实文化自信之基。这份深厚的文化根基，蕴含着中华民族最深沉、最纯粹的精神追求。我们应深入挖掘中华文明的精髓，从中汲取丰富的文化营养，为文化自信筑牢坚实的根基。无论是《礼记》中倡导的“小康”理念，还是《左传》中强调的“和谐”思想，这些文化精髓经过历史的洗礼与提炼，已成为推动国家发展和社会进步的重要力量。从《诗经》《楚辞》的古典之美，到汉赋、唐诗、宋词、元曲的文学瑰宝，再到明清小说的叙事传奇，这些丰富的文化遗产为我们提供了取之不尽、用之不竭的精神滋养。我们要继续深入发掘这些文化宝藏，推动其创新发展，并科学阐释其深刻内涵，使之成为提升文化自信的有力支撑。

把握时代脉搏，激发文化自信的活力。在全球化深入发展的今天，各种思想文化交流交融交锋日益频繁。我们要以中华文明为根基，以中华文化为滋养，不断激发中华民族的自信心。通过实施中华文化精品工程，推动文化产业繁荣发展，打造底蕴深厚、涵育人心的优秀文艺作品。同时，我们要用社会主义核心价值体系引领社会思潮、凝聚社会共识，积极弘扬民族精神和时代精神。通过法律法规和政策措施等手段，净化文化环境，消除不良文化影响，引导社会形成正确的价值导向，进一步提升全民族的文化自信。

秉持开放包容的态度，从世界潮流中汲取文化自信的动力。人类文明的多样性是世界的宝贵财富，我们应坚持求同存异、取长补短的原则，在维护世界文明多样性的同时增强文化自信。通过打造文化交流开放平台，以更加自信的心态和更加开阔的视野，吸纳各国文化的优秀元素，丰富和发展中华文化。同时，探索文化交流的新模式，构建多主体、多层次、多形式的交流格局，鼓励社会力量积极参与，共同讲好中华文明史和中国发展史。此外，还要创新文化输出方式，发挥企业的主体作用，运用市场化运作模式，推动优秀影视剧、图书等文化产品走向世界，展现中华文化的独特魅力和竞争优势。①

通过这些努力，我们不仅能够更好地传承和弘扬中华优秀传统文化，还能进一步提升文化自信，为实现中华民族伟大复兴的中国梦提供强大的精神动力和文化支撑。

（三）大力继承和弘扬革命文化

我们党在漫长的革命征程中，由人民共同铸就的革命精神，构成了革命文化的核心内涵，这些精神如同璀璨的明珠，是我们党和国家的精神宝库中的珍贵财富。这些精神包括红船精神、井冈山精神、长征精神、延安精神和抗战精神等，它们蕴含着历久弥新的思想精髓，是我们党和人民共同的“文化密码”。为了坚定文化自信，我们必须深入挖掘红色资源的价值，积极传承红色传统，确保红色基因代代相传，永放光芒。

1. 加强对革命文化的发掘与认知

革命文化，作为中国共产党和中国人民在革命斗争中形成的精神财富，具有深远的历史意义。它始于 1919 年的“五四运动”，经过北伐战争、土地革命、抗日战争、解放战争等多个历史阶段，形成了独特的红色革命文化体系。这一体系包括五四精神、红船精神、井冈山精神、长征精神等一系列具有时代特征、民族特色的革命文化精神。这些精神不仅体现了中国共产党人的理想信念和价值追求，也为新时代中国特色社会主

① 李程骅 . 文化自信［M］. 南京：江苏人民出版社，2018：16.

义文化建设提供了宝贵的精神财富。

2. 革命文化的继承与发展

革命文化是中华优秀传统文化的传承和升华。它继承了中华民族"自强不息""精忠报国""舍生取义"等优秀传统,同时也在革命实践中孕育了新的时代精神。革命文化的发展过程,就是中国共产党人将优秀传统文化与马克思主义相结合,不断探索、创新、发展的过程。在这一过程中,中国共产党人不仅创立了邓小平理论、"三个代表"重要思想、科学发展观等党的指导思想,也孕育了社会主义先进文化,为新时代中国特色社会主义文化建设提供了理论支撑和实践经验。

3. 革命文化的新时代价值

革命文化是中国特色社会主义文化自信的基石,其重要性无可替代。习近平总书记曾指出文化自信是"四个自信"之核心,而革命文化则在其中扮演着不可或缺的角色,它是中华优秀传统文化、革命文化以及社会主义先进文化三者中不可或缺的一环。革命文化所蕴含的理想信念、价值追求以及道德准则,为构建与践行社会主义核心价值体系提供了源源不断的思想文化资源。革命理论作为文化自信的坚实基石,为文化自信提供了明确的方向与强大的动力。弘扬革命文化不仅有助于加强公民思想道德建设,提高社会成员的自律品质,更能推动形成良好的社会风尚,有效回击历史虚无主义,进一步推动中国特色社会主义文化的蓬勃发展,为实现中华民族的伟大复兴提供有力支撑。

二、实现文化认同

中国人对自己文化的认识,经历了从高度自信到失去自信再到回归自信的曲折过程。这一过程深刻反映了中华文化在不同历史阶段所经历的挑战与变革。马克思主义作为一种科学的世界观和方法论,其本质上是人类一切优秀文化的继承者。自中国共产党成立以来,我们始终致力于将马克思主义基本原理与中国具体实际相结合,不断探索马克思主义中国化的道路,这一进程不仅促进了中国传统哲学的现代化转换,也推动了中华文化自信的重建与强化。

（一）在推进马克思主义中国化进程中强化文化自信

1. 马克思主义中国化的过程是中华传统文化不断创新与弘扬的过程

马克思主义中国化，是一个持续而深入的过程，它要求我们把马克思主义的基本原理同中国的具体实际紧密结合，使马克思主义在中国落地生根、开花结果。在这一过程中，中华传统文化与马克思主义不断碰撞、融合，共同创造出革命文化和社会主义先进文化。

在《论新阶段》这篇著作中，毛泽东详尽地剖析了马克思主义与中国本土文化的紧密联系。他明确指出："马克思主义唯有以民族化的形式展现，方能发挥其应有之效能。马克思主义并非抽象的教条，而是必须与实际相结合的具体理论。这里的'具体'二字，意味着我们要将马克思主义融入中华民族的文化脉络之中，将其运用于中国独特的社会环境和具体斗争之中，而非机械地照搬套用。"这段话不仅凸显了马克思主义与中国传统文化融合的重要性，更深刻揭示了马克思主义中国化的核心内涵。

马克思主义作为一种外来的异质文化，要想在中国这片土地上生根发芽，就必须与中华优秀传统文化相结合，赋予其全新的民族形式。这种结合不是简单的叠加，而是深度的交融与创新。在这个过程中，中华传统文化得以传承和弘扬，同时也吸收了马克思主义的科学精髓，实现了自身的创新发展。因此，马克思主义中国化的过程，不仅是一个理论创新的过程，更是一个文化创新的过程。它推动了中华文化自信的重建与强化，使我们在新的历史条件下更加坚定地走自己的路，建设具有中国特色的社会主义文化。

2. 积极应对马克思主义在文化领域面临的各类挑战

中国共产党始终坚守马克思主义作为指导原则，引领社会意识形态的演进，这既展现了党和国家对牢牢把握意识形态工作领导权的坚定决心，也是构筑文化自信的重要基石和核心要素。然而，自马克思主义问世以来,其在意识形态领域的征程中一直不乏挑战与考验,正如列宁所揭示的:“这一学说在其发展历程中,每一步都伴随着斗争,这并非偶然。”正是在对各类“反马克思主义”“非马克思主义”思想的辨析与抗争中,马克思主义凭借其深邃的理论洞察力和强大的实践指导力,不断揭露错误思想和理论的虚伪与丑恶,同时以实践的方式推动现实革命的深入发展,从而成为中国人民树立文化自信的坚实“精神支柱”。

3. 以批判态度继承人类一切优秀文明成果

马克思主义作为一个持续演进的思想体系,始终与时俱进,紧密跟随时代的步伐。将马克思主义与我国深厚的传统文化相融合,不仅构成了推动马克思主义中国化的重要路径,也构成了实现传统文化现代化转型与创造性发展的内在需求和必然选择。毛泽东同志曾指出:“我们坚定地信仰马克思主义,将其作为科学的指导思想,但这并不妨碍我们正视并尊重中国文化遗产以及非马克思主义的外国思想所蕴含的宝贵价值。”在全球化浪潮日益汹涌的当下,任何民族文化要想实现长远发展,都必须秉持开放包容的态度,积极吸收人类文明的优秀成果,摒弃封闭保守的狭隘心态。

(二)在培育社会主义核心价值观中强化文化自信

在新时代推进中国特色社会主义建设的进程中,培养社会主义核心价值观意义重大。它能增强民族凝聚力和向心力,激发创造力与创新精神,推动文化繁荣发展。同时,通过培育社会主义核心价值观,能够巩固马克思主义的指导地位,抵御错误思潮,确保社会主义事业健康发展。

1. 深入理解并准确把握社会主义核心价值体系的深刻内涵

党的十八大报告凸显了构建社会主义核心价值体系的战略地位,将其视作国家繁荣之魂,对于确立中国特色社会主义的前进方向具有至关重要的作用。报告倡导的是一种全面而深刻的价值追求,包括国家层面的富强、民主、文明、和谐,社会层面的自由、平等、公正、法治,以及个人层面的爱国、敬业、诚信、友善等。同时,报告也着重强调了把握意识形态工作领导权与主导权的重要性。

而党的十九大报告则进一步深化了对社会主义核心价值观的阐释，将其纳入习近平新时代中国特色社会主义思想和基本方略的体系之中。报告指出，社会主义核心价值观是当代中华民族精神的集中体现，应当以培育新时代的社会新人为主要目标，通过教育引导、实践养成、制度保障等多种方式，使其深入社会各个层面，成为人们的自觉行动。同时，报告还强调要深入挖掘中华优秀传统文化的价值内涵，结合时代需求进行创新性继承和发展。

党的二十大报告从政治维度出发，强调坚持马克思主义政治观，并结合中国实际和传统文化推进核心价值体系建设。此外，二十大还提出了一系列新思想、新观点和新论断，丰富了核心价值体系的内涵，深化了对马克思主义的规律性认识。

2. 社会主义核心价值观培育与坚定文化自信

在哲学社会科学工作座谈会上，习近平总书记着重阐述了文化自信对于坚定中国特色社会主义道路、理论和制度自信所起到的基石作用。他的这一论述不仅凸显了文化自信的核心地位，更为我们践行社会主义核心价值观提供了明确的指引。党中央强调了弘扬社会主义核心价值观的重要性，并详细阐述了具体的培育与践行方法，同时还将共产主义和中国特色社会主义理想融入核心价值体系之中，指出社会主义核心价值观是文化软实力的精髓所在，它决定着文化的本质和发展方向，而其生命力、凝聚力和感召力则是决定文化软实力强弱的关键因素。坚守文化自信，实则就是坚守我们的价值观自信，这样才能确保中国在国际文化竞争中凭借文化软实力赢得更多的话语权，充分展现大国的风采与力量。

3. 以社会主义核心价值体系涵养文化自信

社会主义核心价值观，作为我国文化自信的核心精髓，不仅明晰了我们最基本、最核心的价值理念，还彰显了中华文化的优秀传统，以及时代进步的要求与人民价值追求的和谐统一。这一核心价值观，是构筑社会主义先进文化自信的基石与灵魂所在。为了有效培育与践行这一核心价值观，首要任务便是加大对其的宣传教育力度，让更多人深入理解并认同其内涵。同时,我们还应注重通过实践活动来锤炼社会主义核心价值观,使之真正转化为人们的自觉行动。此外,进一步挖掘中华优秀传统文化资源,也是弘扬社会主义核心价值观的重要途径之一。

(三)在构建中国特色社会主义文化建设理论中强化文化自信

在深入探讨文化的精髓时,我们应将其视为一个社会在价值创造与价值再创造层面的动态过程。特别是在社会主义的宏观框架下,文化或价值体系特指那些由社会主义社会孕育并持续塑造的价值集合,这些价值集合不仅构成了社会主义社会诞生与发展的根本支撑,更是其稳固前行的价值基石。

将文化视作中国特色社会主义建设中不可或缺的组成部分,这一认识的形成并非一蹴而就,而是经历了一个由"三位一体"逐步演进至"四位一体",进而深升为"五位一体"的渐进式过程。在这一过程中,文化自信的核心本质得以凸显,即它是对价值的坚定信念与自信。在推动中国特色社会主义建设的伟大实践中,文化的价值支撑作用日益显著,从原先的三个自信层面逐步提升至四个自信,为构建社会主义文化强国提供了坚实的理论支撑和实践指引。

1. 深入领会构建中国特色社会主义文化建设理论的重大战略意义

文化建设是中国特色社会主义事业的关键组成部分。文化不仅是民族的血脉与灵魂,更是发展的精神支柱。加强文化建设有助于提升民族凝聚力和创造力。中华民族历经磨难仍绵延不绝,得益于深厚的文化传统和强烈的民族认同。这些传统铸就了团结统一、生生不息的精神纽带,将中华儿女紧密团结。同时,文化建设体现社会主义制度的优越性。社会主义制度在文化和政治方面展现出无与伦比的优势。邓小平指出,社会主义的优越性在于文化和科技水平应超越资本主义。社会主义文化建设坚持以为人民服务、为社会主义服务为核心,以集体主义为原则,以社会主义核心价值观为价值取向。坚守为人民服务的核心立场,确保文化建设的正确方向,为精神文明建设奠定基础。集体主义与个人主义形成鲜明对比,凸显社会主义制度的优越性。坚持社会主义核心价值观,引导人民抵制错误观念,实现利益的辩证统一。通过深入领会构建中国特色社会主义文化建设理论的重大意义，推动文化事业繁荣发展，为中华民族复兴提供精神动力。

2. 构建中国特色社会主义文化建设理论的基本原则

必须坚持马克思主义文化观指导。马克思主义文化观是一个广博的思想体系，涵盖了文化发展的基本观点，预测了未来文化发展趋势，具有普适性。在当代中国，它是解决文化问题的重要理论依据。按照文化唯物论原则，社会主义先进文化只能在实践中得到发展与弘扬，文化建设也需在市场经济条件下完善。在社会主义初级阶段生产力水平下，需培育与社会经济相适应的文化。片面强调建设共产主义文化，都会陷入误区。坚持马克思主义文化观指导是现实需要。国际方面，西方国家企图分化中国，放弃马克思主义文化观指导会失去意识形态阵地。国内方面，市场经济导致社会思潮多元化，须以马克思主义文化观为旗帜，防止西方势力侵蚀，促进多元文化健康发展。

必须坚持理论来源于实践并接受实践检验。马克思指出，理论完善需通过实践经验的积累。构建中国特色社会主义文化建设理论需深深扎根于实践，与国情相结合，反映人民文化需求和社会发展规律。此理论源于人民文化实践，服务于生活，并接受实践检验。

必须坚持“知行合一”与“经世致用”。中国特色社会主义文化建设理论不仅解释世界，更指导文化发展、改变世界。构建该理论需理解改革开放以来的实践，提高认识能力。应坚持马克思主义指导，以社会主义核心价值观为核心，尊重文化发展规律，借鉴西方成果，为人民服务、为社会主义服务，坚持百花齐放、百家争鸣，实现文化发展理论的不断创新与适应实践。①

（四）增强文化自信，构建国际文化新秩序

国际文化新秩序，作为国际政治经济秩序的自然延续，在现代世界秩序的持续重组与深刻变革中扮演着举足轻重的角色。当前，全球秩序正面临着多重复杂挑战，包括世界秩序变革所蕴含的“普遍善念”之追

① 蔡静．跨文化交际中的文化自信研究[M]．北京：新华出版社，2022：34.

求、民族国家所面临的困境、霸权主义的威胁、共同价值与文化多元性的冲突，以及世界政治民主化的迫切需求。在这一背景下，文化自觉成为我们探索人类各种文明共存共荣之道的重要途径。它要求我们以开放包容的心态，深入理解和尊重不同文明的独特价值和贡献，寻求在多元文明中和谐共处的可能。

1. 国际文化新秩序是时代与世界的期待

国际文化新秩序是基于现实与理想的文化利益追求而形成的稳定国际文化关系。各国对改变不平等国际政治经济旧秩序的诉求日益强烈，对建立国际文化新秩序的呼声也越来越高。经济全球化带来的文化多样化加深了各国间的联系与合作。在长期文化交流中，不同文化间的交流、融合、碰撞使人们对公正合理的国际文化新秩序的需求日益强烈。同时，文化差异性也导致国家间矛盾与冲突频发。西方的“文化霸权”对各国渗透与侵害严重，需改变不平衡的世界经济发展状态，瓦解其影响。

文化全球化使各国联系与合作加深。资本主义对市场的开拓既促进了物质生产的世界化，也不可避免地促进了精神生产的世界化，形成“世界文学”。随着人的主观能动性的增强和科技成果的积累，人为因素对历史发展趋势的影响越来越大。不同文化的碰撞呼唤公正合理的国际文化新秩序。

由于文化间的差异性，国家间常因此产生摩擦与纷争。国家倾向于亲近文化相近的伙伴，而对文化差异较大的国家持排斥态度。由于不同文明体系内的人们在意识形态、价值观等层面上存在显著的分歧，若相互间缺乏文化理解，则易滋生偏见和误解，从而激发矛盾与冲突。

西方国家所推行的“文化霸权”对各国构成了深刻的渗透与冲击。这种“文化霸权”是全球文化发展失衡的必然产物，主要表现为文化殖民和文化强权。西方文明往往成为西方国家谋取私利的工具，他们运用多种手段在国际舞台上宣扬自己的意识形态和价值观。为了消除西方“文化霸权”对各国的渗透与侵害，我们必须致力于改变世界经济发展不平衡的现状。

2. 中国推动构建国际文化新秩序的实践进展

建立与大国智慧、战略相契合的文化自信，是我国对外话语体系建设的时代要求。中国致力于构建国际文化新秩序，旨在坚守马克思主义的指导地位，汲取人类文明的先进成果，实现传统文化的创造性转化与创新性发展，进而增强文化自信。

“一带一路”倡议充分展现了中国在国际文化新秩序构建中的价值引领与战略导向，传递出和平合作、开放包容、互学互鉴、互利共赢的丝路精神，彰显了大国的责任与担当。该倡议旨在打破旧有的国际文化秩序，推动中华文明与欧亚非古老文明的共同复兴。历史证明，国际秩序主导国的发展与其文明程度紧密相连。随着生产力的不断进步，先进版块将获得更多的话语权和主动权，进而成为国际秩序的制定者和主导国。

在“一带一路”倡议的推进中，我们尊重沿线国家的文化多样性，促进不同文明间的相互尊重与借鉴，实现内陆与沿海国家的共同发展。这充分体现了中国的大国担当，有助于建立和谐的文化秩序，推动国际文化新秩序向更加包容、开放的方向发展。

构建“人类命运共同体”则是推进国际文化新秩序重构的关键所在。它建立在共同价值观和社会内聚性的基础之上，参与者之间拥有共同的身份认同和情感纽带，通过相互尊重与合作实现共同发展。

3. 推动构建国际文化新秩序的中国方案

在推动构建国际文化新秩序的进程中，中国提出了富有前瞻性和创新性的方案。这一新秩序的构建并非简单复制现有模式，而是借鉴成功经验并结合时代特点进行创新发展。近年来，随着中国综合国力的显著提升，其在国际舞台上的地位与影响力日益提升，不仅在经济领域取得了显著成就，也在文化发展领域展现出勃勃生机。

“中国模式”的相对成功，无疑对西方传统观念构成了挑战，并引起了全球范围内的广泛关注。从文化层面审视，“中国模式”的崛起有望为国际文化秩序带来深远的变革，推动实现从以“霸权主义”与“强权政治”为特征的旧秩序向互信、互利、平等、公正的新秩序的转型。

在构建国际文化新秩序的进程中，中国清醒地认识到，“中国模式”

虽具有诸多显著优势，但亦需不断完善和深化。因此，我们不能简单地复制既有模式，而应在借鉴与创新之间寻求恰到好处的平衡。作为“中国道路”和“中国经验”的具体展现，“中国模式”正积极吸纳国际文化旧秩序中的合理元素，同时发挥自身的传统优势，摒弃不合理因素，以现代文明所倡导的公平、正义、均衡等积极因素取而代之。

这一构建过程不仅有助于消除国际社会对中国“国强必霸”的误解与偏见，更使我们能够以更加积极主动的姿态应对国际文化旧秩序所面临的各种危机与挑战。中国将继续发挥大国担当，推动构建更加公正合理的国际文化新秩序，为世界的和平与发展贡献中国智慧和中国方案。

三、推进文化创新

近代以来，中国文化经历了从迷茫到反省的转变，实现了文化自觉与自信的升华。这一历程展现了民族的奋斗智慧与创造力。文化创新是文化自信的根本途径，也是民族生命力和社会进步的重要引擎。中国特色社会主义先进文化的确立是创新与改革的成果，也是文化自信的具体展现。

（一）深化文化体制机制改革、坚定文化自信

文化体制作为文化价值的具象体现，其变革是文化深层次精神与价值革新的必然趋势。改革不仅是推动文化生产力持续发展与释放的基石，也是提升党的执政效能、促进国家治理现代化的关键环节，更是优化行政体制结构的重要组成部分。

文化自信根植于对文化内核的认同、对其活力的坚定信念以及对持续进步的执着追求。自党的十一届三中全会以来，在文化自觉与自信的指引下，文化体制改革经历了探索、全面铺开与深化推进三大历史阶段。

在探索阶段，我们以艺术表演团体改革为突破口，在不同领域开展了富有创新精神的尝试，为后续的改革进程积累了宝贵的经验。在全面铺开阶段，我们构建起了改革的基本框架，重点聚焦在重塑文化市场主体、优化市场体系等核心领域，全面推进各项工作。在深化推进阶段，我们紧密围绕满足人民群众日益增长的文化需求，对改革进行了全方位的深化，有力推动了文化事业的蓬勃发展。

1. 强化顶层设计的引领作用

文化体制改革需不断探索、实践和完善。中央重视顶层设计，以文化自觉与自信强化导向。自 2002 年十六大首次划分文化事业与产业并提出总体方案以来，改革已深入推进。中央明确目标：按照社会主义精神文明特点与市场经济要求，构建党委领导、政府管理、行业自律、企事业单位依法运营的文化管理体制。政府推进政企、政事、政资分开和管办分离，出台相关文件明确职责，理顺关系。

随着十八大提出全面建成小康社会目标，文化体制改革迎来新机遇。中央要求深化改革，构建完备、规范、有效的制度体系。我国形成“一个工程”和“四大体系”，搭建改革主体框架。同时，深化行政审批改革，简政放权，提高效能，清理、减少和规范审批事项。坚持法律化、规范化建设，加强立法，为改革提供法治保障。各级文化行政管理部门积极转变职能，提升管理与服务能力。出台文化改革发展规划纲要、文化产业振兴规划等文件，推动文化事业与产业发展。

2. 破冰文化体制机制改革

文化体制改革旨在释放文化创造力和经济发展活力，推动经济社会持续发展，实现文化强国战略目标。改革核心在于破除体制性障碍，深化方向为建立现代企业制度、发展文化产业、完善公共文化服务。2014 年《深化文化体制改革实施方案》出台，标志着改革的全面实施。文化体制改革的重要任务是推进国有经营性文化单位转企改制、培育市场主体。改革以出版、发行、电影等行业为重点，建立现代企业制度，推动成熟单位率先转制，对尚不具备条件的单位实行企业化管理。

（二）文化事业繁荣发展推动文化自信

文化事业繁荣发展是衡量文化自信的关键。推动社会主义文化建设，发展公益性文化事业至关重要。改革开放以来，文化事业蓬勃发展，为社会提供精神滋养。党的十八大以来，文化建设取得重大进展，文化意识和文化素质得到历史性提升。文化事业不断创新，公共文化服务体系初步形成，文化需求快速增长，为文化强国建设提供有力支撑。

1. 现代公共文化服务体系持续优化

作为现代政府的重要职责之一，公共文化服务在提升国家文化软实力方面扮演着至关重要的角色。改革开放之前，我国文化发展的主要目标在于满足人民群众的基本文化需求。然而，随着改革开放的深入和社会经济的蓬勃发展，人民群众的需求结构逐渐发生了变化，对公共文化服务的需求日益增强，文化生产力也得到了极大的激发。

进入新世纪以来，特别是自党的十八大以来，公共文化服务的地位得到了显著提升，被提升至国家战略的高度。治理理念不断得到更新，实现了由单纯的文化管理向全面而深入的文化治理的转变，更加注重保障公民的文化权利。同时，公共文化服务的价值诉求也在持续升级，从过去的构建现代体系转变为满足人民对美好生活的向往。

在服务方式上，公共文化服务也呈现出多样化和个性化的特点，供给模式不断优化和创新。这些转变和升级不仅彰显了我国文化自信的增强，更推动了社会的繁荣和文化的创新。

2. 实施重点文化惠民工程

文化惠民工程，作为公共文化服务体系建设的核心战略，肩负着满足群众多元文化需求、保障人民基本文化权益以及提升公共文化服务均等化水平的重要职责。鉴于我国疆域辽阔，各地区文化历史背景各具特色，中西部欠发达区域、边疆民族地区、革命老区以及部分基层农村地区在公共文化基础设施建设方面相对滞后，资源供给尚显不足，服务能力亟待提升。这已成为我们在推进公共文化服务均等化过程中必须正视并努力克服的现实难题。

3. 深入开展文物保护利用与文化遗产保护传承工作

培养文化自信，乃构建文化精神之核心使命，此重任非仅凭专业理论之指导与培育所能达成，更需借助现实生活中丰富的物质文化资源，以实现意识之转化与主导观念之培育。文化遗产，作为中华民族智慧之瑰宝，实乃中华文明源远流长、生生不息之实物见证，其中蕴含了中华民族独特的思维方式与想象特质，乃传承弘扬中华优秀传统文化之历史根基，汇聚了中华民族的生命力与创造力，是推动社会进步的重要资源。因此，保护和合理利用文化遗产资源，已成为当前文化传承与传播的重要使命。

长期以来，我们坚持以“限制型”保护为核心的传统保护模式，主要着眼于防止文化遗产资源受损，严格限制社会经济活动对文化遗产资源可能造成的负面影响。然而，在新的历史条件下，我们应重新解读和重塑文化遗产之意义，充分挖掘和发挥其蕴含的情感、文化、社会、科学等多方面的价值，以更好地推动文化事业和文化产业的繁荣发展。

（三）构建现代文化产业体系，夯实文化自信之基

文化自信，作为国家与民族发展中根基深厚、内涵丰富且持久稳固的动力源泉，是支撑中华民族伟大复兴的中国梦的精神基石与灵魂支柱。从物质文化需求的满足向美好生活向往的跨越，代表着一次质的飞跃，而文化产业则成为满足人民群众日益增长的美好生活需求的重要现实保障。文化产业，作为在特定价值观指引下形成的产业形态，其产出的文化产品深受价值观之影响。通过精神文化消费，文化产业不仅实现了经济效益，更在扩大社会效益方面发挥着举足轻重的作用。文化自信为文化产业指明了清晰的发展方向，并激励其不断开拓创新，为产业的可持续发展提供了源源不断的动力支持。文化自信为文化产业提供了丰富的历史素材和深厚的文化底蕴，使文化产品独具特色、富有价值内涵。文化产品和服务作为价值传播的有效媒介，彰显着文化自信的强大力量，让中华文化的独特魅力在世界文化舞台上绽放绚丽光彩。

1. 现代文化产业体系初具规模

文化产业体系作为现代化经济体系的重要组成部分，不仅推动了社会主义文化的大发展大繁荣，更成为国家战略层面上的重要发展方向。党的十五届五中全会首次明确提出“文化产业”的概念，将其纳入国家发展计划之中，这标志着文化产业开始在国家层面得到重视和推动。随后，党的十七大进一步提出“推动社会主义文化大发展大繁荣”的战略

目标,文化产业在国家战略层面上的地位愈发凸显。进入中国特色社会主义的新征程,党的十九大报告创新性地引入了"现代化经济体系"的构想。这不仅是回应中国经济由速度型增长向质量型增长转变的内在要求,也是习近平新时代中国特色社会主义思想在经济建设领域的生动体现。党的二十大对"现代文化产业体系"的新理解更加突出其在现代化建设中的重要地位和作用,强调构建现代化产业体系的总体要求,并注重文化产业的结构优化和产业升级。

文化产业,作为现代化经济体系中不可或缺的一环,其在引领经济结构优化升级、激发文化创新活力、丰富人民群众精神文化生活等方面正日益发挥其重要作用。在各项政策措施的有力推动下,各地方有关部门积极构建现代文化产业体系,注重结构调整和门类齐全,力求打造富有创意、充满活力的文化产业生态圈。他们通过加强政策引导、优化产业布局、培育市场主体、推动科技创新等方式,不断推动文化产业体系的完善。

如今,现代文化产业体系已经初具规模,涵盖了新闻出版、广播影视、文化艺术、文化创意、数字内容等多个领域。这些领域相互融合、相互促进,共同构成了一个充满活力、创新发展的文化产业格局。同时,随着科技的不断进步和互联网的普及,文化产业与科技的融合也越来越紧密,数字文化、网络文化等新型文化业态不断涌现,为文化产业的发展注入了新的动力和活力。

2. 文化产业向规模化、集约化、专业化发展

文化产业集群现象指的是在现今的文化产业领域内,一群紧密相关的文化企业及相关机构在地理空间上集结,协同发力,形成一股强大的竞争优势。进一步推动文化产业集群的壮大,不仅有助于文化产业实现规模化、集约化与专业化的升级,更能够契合社会主义市场经济的发展脉络,遵循现代产业演进的内在逻辑。此举不仅有助于文化产业规模的不断扩张,经济效益的显著提升,更将加速文化产业发展模式的创新转型。

（四）激发创造活力，增强文化自信

社会主义文化是由广大人民群众共同创造并共享的精神财富。人民群众不仅是推动社会向前发展的核心力量，而且是文化创新与实践的主体，肩负着实现中华民族伟大复兴的历史使命。文化发展的终极指向是促进人的全面成长与进步。为了培育文化自信，建设文化强国，我们必须充分激发全民族的文化创造潜能。特别是在全力推进全面建设社会主义现代化国家新征程中，人民群众对精神文化的需求日益增加，且呈现多元化趋势。因此，我们必须高度尊重人民群众的主体地位和创新精神，发挥文化领军人才的榜样作用，为广大人民群众打造多元化的文化展示平台。

1. 充分发挥文化人才在文化建设中的引领作用

文化领域竞争的核心是文化人才的竞争。文化人才是国家文化发展的核心力量，对文化创新和繁荣至关重要。在推进社会主义文化事业与产业的发展中，人才队伍建设尤为重要。党和国家高度重视文化人才培养工作，强调培养高层次人才，引进海外优秀人才。文化人才在社会主义建设中发挥重要作用，但当前人才队伍尚不能完全满足建设文化强国的时代要求。因此，必须解放思想，培养和引进新时代文化人才，推动文化事业和产业快速发展。

2. 提高创新的积极性与能动性

在推进社会主义文化强国建设的伟大征程中，人才作为核心要素，其重要性不言而喻。构建文化强国，特别是要在新时代文化建设中取得显著成就，离不开文化精英人才的卓越创造力和杰出贡献。然而，我们必须清醒地认识到，仅凭文化精英人才的努力是远远不够的。缺乏广大人民群众的广泛参与，文化精英人才的“独唱”将显得单薄而无力，难以形成磅礴的文化力量。因此，我们必须将文化精英人才的“独唱”转变为“领唱”，在党的坚强领导下，协同推进人才队伍建设，汇聚起合唱的磅礴力量。为此，我们要充分调动广大人民群众的积极性和参与度，发挥他们的智慧和力量,共同奏响新时代的文化强音。只有如此,我们才能推动社会主义文化事业蓬勃发展,为中华民族伟大复兴的中国梦注入强大的精神动力。

(五)在文化创新发展中深植文化自信之根

文化精髓在于创新。改革开放以来,中国特色社会主义进入新时代,文化发展迈向新阶段。我国日益重视文化软实力,学界与决策层探索文化认同。新时代背景下,创新、共享等理念与文化自信相互呼应。创新体现中国文化创造力,支撑文化自信。新时代发展理念指导文化发展,提升文化软实力,促进文化繁荣。

改革开放以来,文化建设蓬勃开展,文艺作品丰富多样。在习近平总书记的引领下,文艺工作者深入基层,创作优秀作品,增强文化自信。文化事业繁荣是文化自信的基石,需引领社会思潮,整合资源,推进改革创新。同时,注重文化产业结构调整和转型升级,培育骨干企业和战略投资者,发展新兴文化产业,完善市场体系。科技创新在文化发展中作用凸显,因此要建立文化科技创新体系,推动文化产业高端化、智能化、绿色化。

第二章 文化自信与中华优秀传统文化的关系

文化自信是一个国家或民族对自身文化价值的坚定信念和自信心态。中华优秀传统文化承载着中国五千年文明的精髓，是中国人民的文化基因和精神家园。文化自信与中华优秀传统文化密切相关源自对传统文化的认同和自信，体现在对传统价值观的坚守和传承中。通过对中华传统文化的深入理解和传承，可以增强文化自信，提升国家文化软实力，推动中华文化在国际舞台上的广泛传播，提升国际影响力。

第一节　中华优秀传统文化的特征与精神

一、中华优秀传统文化的特征

概括而言，中华传统文化具有“中庸和谐、崇德尚义、经世致用、天人合一”四大基本特征。

（一）中庸和谐

中庸和谐是中国传统文化中的重要理念，强调了在各种矛盾对立的情况下追求平衡、和谐与稳定的态度和方法，这一理念源于古代，贯穿了中国文化的发展历程，对于塑造中国人的处世态度和价值观念具有深远的影响。“中庸”一词最早见于《中庸》一书，是儒家经典之一，中庸之道，即处事不极端，不偏激，不偏废，追求适度、平衡、稳健的态度。中庸之道强调的是在人生的各个方面都要遵循恰到好处的原则，不偏不倚地行事，以求达到最佳的效果；和谐是中国传统文化中另一个重要的理念，和谐强调的是人与人之间、人与自然之间、社会与自然之间的和睦相处和共生共荣。和谐不是简单的平衡或者静止，而是在多样性和复杂性中实现动态的平衡与统一，是一种积极的、动态的、全面的协调与平衡，中庸和谐的核心思想在于追求平衡、协调与和谐。

中国文化传承历经千年，中庸和谐的思想在其中占据着举足轻重的地位，这种思想不仅塑造了中华民族的独特性格，也为世界文明的发展贡献了中国智慧。中庸之道是中国传统文化的精髓之一，主张人们在处理事务时应当追求适度、平衡，既不过于偏激，也不失之偏颇。这种思想在孔子的《中庸》中得到了充分的阐述：“喜怒哀乐之未发，谓之中；发而皆中节，谓之和。”即人的情感应当保持适度的平衡，既不过度，也不压抑，只有在这样的状态下才能达到真正的和谐。中庸和谐的思想不仅在个人修养上有所体现，更在社会治理、人与自然的关系等方面发挥着重要作用，在社会治理中中庸之道强调公平、公正，尊重各种社会力量的平衡发展，避免权力过于集中或过于分散，实现社会的和谐稳定。在人与自然的关系上，中庸之道主张人类应当尊重自然、顺应自然，既要满足自身的需求，又要保护自然的生态平衡，实现人与自然的和谐共生。

中庸和谐的思想不仅是中国传统文化的瑰宝，也是现代社会所追求的价值目标。在全球化日益加剧的今天，各国之间的文化交流与碰撞日益频繁，而中庸和谐的思想，正是一种能够跨越文化差异、促进不同文明和谐共处的智慧，倡导包容、理解、尊重，强调在多元文化的交流中寻求共同点，实现文化的和谐共存。中庸和谐的思想也对解决现代社会的种种问题具有重要的启示意义。现代社会中人们往往面临着各种复杂的矛盾和冲突，如何找到一种有效的解决方式成为摆在我们面前的一大难题。中庸和谐的思想为我们提供了一种解决问题的新思路，教导我们在处理矛盾时应当保持冷静、理性，寻求双方的共同点，通过协商、妥协来达成和解，实现矛盾的化解和和谐共处。

和谐与中庸是中国传统文化中一以贯之的重要理念，其不仅塑造了中华民族的性格气质，也深刻影响了中华民族的历史发展和社会进步。从古至今，中华民族始终强调“和为贵”“如乐之和，无所不谐”，这种文化特征已经深深烙印在每一个中国人的心中。和谐，它强调的是不同事物之间的协调、和睦与融洽，这种理念不仅体现在家庭和睦、社会安定上，更是国家长治久安、民族延续发展的保证。在中华民族的历史长河中，无论是家庭内部的和谐相处，还是社会层面的安定团结，都离不开和谐这一理念的引导。和谐也是中华民族处理国际关系的重要原则，自古以来中华民族就是爱好和平的民族，我们追求的是与世界各国和谐共处、共同发展的目标。中庸之道则是实现和谐的重要手段，它不仅体现在个人的道德修养上，也贯穿于社会治理和国家发展的方方面面。在中华民族的历史中，许多伟大的思想家和政治家都深受中庸思想的影响，通过运用中庸之道，成功地解决了各种复杂的社会问题，推动了国家的繁荣和进步。

在全球化日益加剧的今天，和谐与中庸的思想更显得弥足珍贵。面对复杂多变的国际形势和各种挑战，我们需要更加深入地理解和运用和谐与中庸的理念，推动世界的和平与发展。我们也需要将和谐与中庸的思想同现代社会的实际需求相结合，不断创新和发展，为构建人类命运共同体贡献更多的中国智慧。

（二）崇德尚义

中华传统文化是一种源远流长、博大精深的文化体系，其深厚的底蕴与丰富的内涵，无不体现出一种以人为本的伦理道德观。在这种文化中的人作为万物之灵，立于天地之间，人之所以区别于动物，就在于人有道德、有情义。这种“德义”不仅是区分人兽的根本，更是人格尊严的体现。

崇德尚义作为中国传统文化的重要理念之一，强调了对道德品质的高度重视和对正义道义的崇尚。这一理念源于中国古代，是中华优秀传统文化的重要组成部分之一，对于引导人们塑造高尚的品德和价值观具有深远的意义。“崇德”即推崇美德、弘扬道德，培育和提倡良好的道德品质，这包括了诚实守信、孝敬父母、尊师重道、恪守公义等方面。崇德弘德是一种推崇美德的精神追求，是社会和谐发展的基石，也是每个人成长的必备品质。“尚义”则是尊崇正义、推崇公平、维护公道。在古代尚义强调的是遵循道义准则，秉持公平正义，敢于维护正义和公平，而在现代社会尚义的内涵更加丰富，不仅包括了对法律法规的遵守，更强调了对社会正义与道义的尊重和捍卫。崇德尚义的精神体现了中华民族对于人格高尚、品德纯正的追求和推崇。在历史长河中，许多崇德尚义的楷模被后人传颂，如孔子、岳飞等，他们以身作则，践行崇德尚义的精神，为后人树立了榜样。

崇德尚义的精神，对于当代社会同样具有重要意义。在当今社会人们面临着各种诱惑和挑战，诚信缺失、道德沦丧的现象时有发生，因此更加需要弘扬崇德尚义的精神，让正义之光照耀每一个角落，引导人们追求高尚品德，弘扬公平正义。崇德尚义是中华传统文化中最为核心的精神之一，在为人处世中人们贵在有德，做人做事，义字当先，这种理念深深植根于中华民族的骨髓之中，成为我们处事的准则和信心。自古以来，无数的圣哲先贤都在教导我们如何做人，他们的智慧与教诲构成了中华传统文化的重要组成部分。“成人先于成才”是中华文化中对于人的全面发展的深刻认识，在追求知识和技能的过程中我们更应注重道德品格的培养和提升。只有具备了高尚的道德品格，才能真正成为对社会有用的人，“德才兼备，以德为先”的理念，更是强调了德性在人格塑造中的核心地位。

在中华传统文化中，我们随处可见对“德”与“义”的赞美与推崇，那些有崇高精神追求、有高尚道德品格的仁人志士历来都被我们敬仰和推崇，他们用自己的行动和生命诠释了什么是真正的德与义。例如，孔子“不义而富且贵，于我如浮云”，他选择了道德和正义，而非金钱和地位；孟子则追求“舍生取义，杀身成仁”，用自己的生命诠释了仁义的伟大。仁义礼智信“五常”，孝悌忠信礼义廉耻“八德”，这些道德规范不仅构成了中华民族的精神世界的基石，更是我们在漫长的发展历程中生生不息的主要精神支撑，教会我们如何做人，如何处事，如何面对生活的种种挑战。

当代市场经济社会中人们面临着前所未有的物质诱惑和道德挑战，中华传统文化在“心灵的滋养、情感的慰藉、精神的提升，道德的指引”方面为我们提供了重要的精神资源，引导我们在追求物质财富的同时，不忘初心，坚守道德底线，追求精神的高尚与纯洁。崇德尚义不仅是中华传统文化的核心精神，更是我们当代社会应当大力弘扬的价值观，只有当我们真正理解和践行这一精神，才能在复杂多变的社会环境中保持心灵的稳定，实现精神的向上，行为的向善，推动社会的和谐与进步。

实践崇德尚义需要每个人从自身做起，注重培养自己的道德品质，秉持诚信正直的原则，尊重他人，维护社会公平正义，社会也应该加强道德教育，推动崇德尚义的理念深入人心，让这种高尚的品德成为社会的共识和价值追求。

（三）经世致用

在中华传统文化的深厚底蕴中，“经世致用”这一理念始终占据着重要的地位。它不仅是国人的处世态度，更是一种强调实用、务实的思想，深深烙印在中华民族的骨髓之中。经世致用，顾名思义便是将所学应用于实际，以益于世道众人，或有利于国计民生。这一理念强调的不仅是知识的积累，更是知识的运用和转化。我们不难发现，无论是儒家的“修身、齐家、治国、平天下”，还是道家的“无为而治”，抑或是墨家的“兼爱非攻”，都蕴含着经世致用的思想精髓。汉民族是一个非常注重现实生活的民族，凡事强调“实用”“实际”，这种特质已经内化为中国人的气质性格、行为习惯和思维方式，构成中华传统文化的重要组成部分。实用主义精神使得中华民族在漫长的历史长河中，始终能够保持清醒的头脑，不断适应和改变环境，实现自身的生存和发展。

在中国古代科学领域,这种经世致用的思想也得到了充分的体现,从四大发明到天文地理、数学农学、医药水利等,这些科学的成就无一不是与人类的生存、生活、生产密切相关,不仅推动了古代社会的发展,更为后世的科技进步奠定了坚实的基础。经世致用的思想还体现在中国传统知识分子的身上,他们不仅追求知识的深度和广度,更注重知识的实用性和社会价值,他们用自己的智慧和才能,为国家的繁荣富强、人民的安居乐业贡献着自己的力量。在当今社会,经世致用的思想依然具有重要意义,面对日益复杂多变的国际形势和国内环境,需要更加注重知识的实际应用,以解决实际问题,推动社会的进步和发展。我们也应该继承和发扬中华传统文化中的实用主义精神,将这种精神内化于心、外化于行,为实现中华民族的伟大复兴贡献自己的力量。

"经世致用"这一观念的核心是将学术知识、道德原则与实际生活相结合,使之成为改善社会、解决问题的有力工具。这一理念旨在培养人们将理论知识应用于实际生活中的能力,经世致用在各个领域都体现着深刻的意义。在教育领域经世致用意味着培养学生的实践能力和解决问题的能力;在政治治理中经世致用则意味着政策的制定和执行需要考虑到实际情况,尊重人民的意愿,解决现实问题;在商业领域经世致用意味着企业需要根据市场需求和客户反馈,灵活调整经营策略,创新产品和服务,以满足客户的需求。经世致用的理念也在日常生活中得到了广泛的应用。无论是家庭生活还是社区建设,人们都应该注重实际问题的解决,善于运用已有的知识和技能,创造更加美好的生活环境。在个人成长的道路上,经世致用则意味着不仅要追求学识的广博和深厚,更要将所学应用于实际工作和生活中,不断提升自己的能力和素养,践行经世致用并不是一件容易的事情。这需要人们具备丰富的学识和经验,具备创新意识和解决问题的能力,需要人们在行动中保持谦逊和谨慎,不断反思和总结经验教训,以更好地应对未来的挑战。

(四)天人合一

在中国的传统文化中,"天人合一"是一项极为重要的思想观念,它源远流长、博大精深,体现了中华民族对人与自然、人与社会、人与自我的关系的独特理解,具有深厚的哲学内涵和重要的实践指导意义。天人合一的观念源自中国古代的哲学思考,古人观察到天地万物的运行规律,从中领悟到人与自然之间存在的内在联系,他们认为人是天地的一部分,与天地万物共同构成了一个和谐统一的整体,因此人应该顺应自然,尊重自然,与自然和谐相处,实现自身的生存和发展。

在天人合一思想的指导下,中国古代的哲学家们提出了一系列关于人与自然、人与社会、人与自我的关系的道德伦理规范,人应该像天一样无私无欲,以仁爱之心对待万物;应该像地一样承载万物,以宽容之心接纳他人;应该像人一样自我反省,以谦逊之心修正自身。这些道德伦理规范不仅为古代社会的和谐稳定提供了有力的支撑,也为现代社会的道德建设提供了宝贵的借鉴。天人合一的思想还体现在中国古代的艺术、文学、医学等多个领域,在艺术创作中,艺术家们追求与自然相融合的境界,通过描绘自然之美来表达对天地万物的敬畏之情;在文学创作中,作家们通过描绘人物与自然的互动关系,展现人性的美好与善良;在医学实践中,医者们注重调整人体的阴阳平衡,以顺应自然的规律来治疗疾病。

在现代社会,天人合一的思想依然具有重要的现实意义。随着人类社会的发展,环境问题日益突出,人与自然的矛盾日益加剧,天人合一的思想提醒我们,要尊重自然、顺应自然、保护自然,实现人与自然的和谐共生。在社会生活中,我们也应该秉持天人合一的理念,以仁爱之心对待他人,以宽容之心接纳差异,以谦逊之心修正自身,共同创造一个和谐、稳定、美好的社会环境。我们应该深入学习和传承这一思想理念,将其融入现代社会的各个领域中,为实现人类社会的可持续发展和和谐共处贡献中国智慧和中国方案。

二、中华传统文化的精神内涵

(一)充满深情的爱国精神

爱国主义这一深深烙印在人们心中的核心价值是我们民族世世代代生生不息的力量源泉,是我们悠久历史文化的灵魂与传统。在五千年的历史长河中无数仁人志士用他们的鲜血和生命,谱写了一曲曲感人至深的爱国主义史诗,为我们这个伟大的民族留下了宝贵的精神财富。从古代的苏武持节南望,我们看到了他对国家的忠诚与坚守,即便身处异域心却始终向着故土，这种深沉的爱国情怀是每一个中华儿女的共同记忆；岳飞精忠报国，以一己之力守护着国家的安宁，他的英勇事迹激励着一代又一代的中国人为国家的繁荣富强而努力奋斗；屈原的“吾将上下而求索”，展现了他对国家前途的深深忧虑与执着追求，他愿以身殉国，以死明志，这种决绝的态度正是对爱国主义最生动的诠释；而陆游的“位卑未敢忘忧国”，则表达了他即便身处低位，也始终心系国家的情怀，他的一生都在为国家的兴衰而忧虑，为民族的未来而奋斗；文天祥的“人生自古谁无死，留取丹心照汗青”，更是将爱国主义提升到了一个新的高度。他宁愿以身殉国也不愿屈从于敌人，这种坚定信念和崇高精神成为中华民族永远的骄傲；林则徐的“苟利国家生死以，岂因祸福避趋之”，体现了他对国家利益的坚定维护，无论个人遭遇何种困境，都始终坚守在保卫国家的岗位上。

这些古代仁人志士的事迹无不体现了中华儿女深厚的爱国主义情感。他们的精神是我们民族的宝贵财富，也是我们继续前行的强大动力，正是因为有了这种深厚的爱国主义情感，我们才能在历史的洪流中屹立不倒，才能在面对困难和挑战时始终保持着坚定的信念和昂扬的斗志。历史深刻表明爱国主义自古以来就流淌在中华民族的血脉之中，始终是中国历史激昂的主旋律，激励着一代又一代的中国人为了国家的繁荣富强、民族的复兴发展而努力奋斗。在新的历史时期，我们更应该继承和发扬这种伟大的爱国主义精神，将其转化为推动社会进步、实现民族复兴的强大动力。①

（二）仁者爱人的人本精神

在浩渺的中华文化长河中，儒家思想以其深厚的底蕴和独特的智慧为中华民族的精神世界提供了丰富的滋养。“仁者爱人”作为儒家学说的最高道德观念，不仅是对人性本质的一种深刻揭示，更是对人类社会和谐共生的一种理想追求。“仁者爱人”这四个字简洁而深刻，凝聚了孔孟等儒家先贤的智慧与情怀。在孔子的眼中，仁者是充满慈爱之心、满怀爱意的人，对待他人如同对待自己，用一颗善良的心去感受世界的冷暖，用一份真挚的情去关爱世间的万物。这种仁爱之心，是人性中最

① 张建云．中国传统文化的根本精神及其时代价值[J]．求索，2017（8）：180-187．

美好的部分，也是我们共同追求的精神境界；孟子进一步丰富了“仁者爱人”的内涵，仁者不仅要有慈爱之心，还要具备大智慧和人格魅力，以睿智的眼光看待世界，以高尚的品格影响他人，在他们的身上我们看到了人性的光辉和力量，也看到了儒家思想对于人格成长的深刻影响。

“爱人者，人恒爱之；敬人者，人恒敬之。”这句古训告诉我们，当我们用爱心去对待他人时，我们也会得到他人的爱。当我们用敬意去尊重他人时，我们也会得到他人的尊重，这种相互关爱、相互尊重的社会氛围，正是“仁者爱人”理念所追求的和谐社会的具体体现。当今时代，我们面临着诸多挑战和困境，环境污染、社会不公、人际冷漠等问题层出不穷，这些问题让我们深刻认识到，构建和谐社会、打造人类命运共同体已经成为我们共同的使命，“仁者爱人”理念正是我们实现这一使命的重要精神资源。“仁者爱人”理念是建立在人的生命价值高于一切的逻辑之上的，强调尊重每一个人的生命和尊严，关注每一个人的需求和感受。以人为本的价值观不仅是对个体权利的尊重和保护，更是对人类社会和谐共生的有力保障。“仁者爱人”是儒家思想中的核心价值，也是我们构建和谐社会、打造人类命运共同体的重要精神支柱，让我们共同努力，将这一理念发扬光大，为我们的社会和世界带来更多的和谐与美好。

（三）厚德载物的伦理精神

在中国传统社会中，血缘和地缘关系构成了社会结构的主体，进而形成了一个独特的伦理型社会。这样的社会背景下，家庭与宗族的伦理道德成为社会治理的重要资源，其深刻影响不仅体现在微观的家庭层面，更在宏观的社会治理中发挥着举足轻重的作用。自古以来，中国人就深深地理解了家国之间的紧密联系，在他们的观念中家与国并非孤立的存在，而是紧密相连、相互影响的整体。家作为社会的基本细胞，内部的和谐稳定直接影响着整个社会的安宁；国作为众多家庭的集合体，繁荣昌盛则依赖于每一个家庭的共同努力。家国本为一体，家是缩小的国，国是放大的家，这种观念深入人心，成为中国人特有的家国情怀。

家风建设在中国传统社会中占据着举足轻重的地位，无论是《论语》中的“修身齐家治国平天下”，《孝经》中的“孝悌之道”，抑或是《曾子家训》中的“立德修身”，这些传统典籍都生动诠释了立德修身、孝亲敬老、乐善好施、扶贫济困、厚德载物的传统伦理精神。家风不仅仅是一个家庭的精神风貌，更是一个民族、一个国家文化传统的体现，通过家风建设，中国人在日常生活中不断践行这些伦理道德，形成了独特的社会风貌。在乡村地区，这种伦理型社会的特征尤为明显，由于皇权不下县的传统，德治成为乡村治理的主要方式。家族伦理、村规民约成为维护乡村社会秩序、促进乡村社会良性运行的重要规范，其不仅体现了乡村社会的独特，更在实际生活中发挥着调节社会关系、化解矛盾冲突的重要作用。

当我们将视线从乡村扩展到整个社会层面时，会发现德治在整个社会治理中都占据着重要的地位，以德治国是中国社会主流统治的理想状态。孔子提出的“己所不欲，勿施于人”，孟子倡导的“老吾老以及人之老，幼吾幼以及人之幼”，以及吕坤宣扬的“肯替别人想是天下第一等学问”，这些思想都体现了中国人将心比心、推己及人、与人为善的德性。这种德性正是中华优秀传统文化中厚德载物精神的最好写照。

（四）兼容并蓄的和合精神

中华民族的壮大源于内部族群的和谐发展，更秉持着融合优化不同民族的理念。“民族大义”与“国家意识”的交汇与更新互补已成为中华各民族共同的精神信念与行为准则。中华文化自古以来就以“海纳百川，有容乃大”的胸怀，融合了众多少数民族文化，如巴蜀文化、楚文化、吴越文化等，也吸收并改造了印度的佛教文化，阿拉伯和波斯的伊斯兰文化，朝鲜的音乐文化以及西方文化中的自然科学知识等。中华传统文化的独特内核在于“和合包容”，这一理念极大地促进了中华文化的形成与发展。数千年来中华文明得以传承而不衰、一脉相承而不断，这正是“和合”观念的体现。这种文化观念不仅对解决当前中国和世界面临的各种问题具有重要价值，也为世界文明的发展提供了借鉴。

（五）自强不息的进取精神

在浩渺的历史长河中，中华民族以其坚韧不拔、自强不息的精神，谱写了一曲曲壮丽的史诗。这种精神深深植根于我们的文化血脉之中，成为我们民族精神的灵魂，正如《周易》乾卦中所言：“天行健，君子以自强不息。”这不仅是一种对大自然的赞美，更是对人生哲学的深刻阐述。大自然运行不息，刚健有力，它以其无尽的活力和力量，推动着万物的生长与变化。人也应该效仿大自然保持奋发向上的精神，不断追求进步，永不停息。这种自强不息的精神是中华民族千百年来生生不息、历久弥新的重要原因。

在中华文化的传承中，众多先贤都大力提倡自强不息的精神，孔子反对庸庸碌碌、无所作为的生活态度，提倡不断学习、不断进取，即“学而不厌，诲人不倦”。这种对知识的渴望和对教育的执着正是自强不息精神的体现。孟子则进一步强调了这种精神的重要性，他认为：“故天将降大任于是人也，必先苦其心志，劳其筋骨，饿其体肤，空乏其身，行拂乱其所为。”这是对人在追求进步和成长过程中必须经历磨难和考验的深刻揭示。

在现代社会中这种自强不息的精神依然具有重要意义，无论是在科学研究、技术创新，还是在文化艺术、社会服务等各个领域，都需要我们保持奋发向上的精神，不断追求卓越。这种精神也是我们面对困难和挑战时的有力武器，只要我们保持自强不息的信念，就能在逆境中挺直腰杆，迎难而上，最终实现自我价值和社会价值。自强不息并非孤立存在，它与宽容的精神相辅相成，清华大学教授张岱年曾指出：“自强不息即刚健的精神，厚德载物即宽容的精神。”这两种精神共同构成了中华民族精神的核心内容，在追求自我进步的同时，我们也要学会宽容和包容他人，在和谐共处的环境中共同成长、共同进步。

（六）继往开来的创新精神

中华民族是一个崇尚创新创造的民族，其几千年来积累的文明成果、开拓性的制度创设以及思想争鸣、文化繁荣的价值体系都是中华民族发扬创新创造精神的生动体现。创新求变、改革开放一直是中华文化的精髓所在，早在《周易》中就有“穷则变，变则通，通则久”的启示，“易”正是指改变。明代郑和下西洋更是展示了中华文明对外开放、勇于创新的壮举，对世界产生了深远的影响。中华民族继续发扬着创新创造的精神，致力于推动科技创新、文化创意等方面的发展。中国的改革开放政策开启了新时代的征程，使得中国在经济、科技、文化等领域取得了举世瞩目的成就，中国积极参与全球治理、推动构建人类命运共同体，为世界和平与发展作出了重要贡献。

第二节　中华优秀传统文化是文化自信的坚实根基

一、中华优秀传统文化与文化自信关系的厘定

文化作为民族精神的载体，历来是历史变迁和社会进步的见证者。中华文化，这一源远流长的文明形态，在历史的长河中经历了从文化自信到文化自卑，再到文化自信的曲折历程，这一演进过程不仅揭示了中华文化的强大生命力，也反映出我们在面对外来文明冲击时的复杂心态。中华传统文化以其独特的儒道互补、开放包容的特性保持着强烈的文化自信，儒家的仁义礼智信，道家的无为而治，共同构成了中华文化的精神内核。融合了佛教文化的中华文化不仅实现了对传统文化的继承，更在创新中展现出独特的文明样态，这种文化自信使得中华文化在东亚乃至全球范围内产生了深远的影响。

自鸦片战争以来，中华文化陷入了前所未有的文化自卑境地，西方工业文明的崛起，其强大的物质力量和精神影响力冲击着中国几千年稳定持续的农业文明，面对西方的强大我们一度陷入了深深的迷茫和自卑，这种文化自卑不仅体现在对西方文化的盲目崇拜，更体现在对传统文化的贬低和否定。幸运的是，在中国共产党的领导下开始逐渐走出文化自卑的阴影，认识到文化自信并非一蹴而就，而是在不断的学习、借鉴和创新中逐渐形成的。我们重新审视传统文化，挖掘其内在价值，也积极吸收外来文化的优秀元素，实现文化的多元融合，文化心态逐渐得到调整，文化自信也在文明范式的转换中重获新生。从文化自信到文化自卑再到文化自信，这一历程并非简单的循环，而是中华优秀传统文化在历史中跌宕起伏的缩影，文化的发展是一个不断演进、不断创新的过程。在这个过程中，我们要保持开放的心态，既要珍视传统文化的精髓，又要勇于吸收外来文化的优秀元素，在全球化的今天实现文化的繁荣与发展。

中华传统文化自古以来就强调民族的自信与自尊，注重道德伦理、家国情怀、礼仪观念等方面的传承与弘扬。这些价值观念贯穿于中国人民的日常生活中，形成了独特的文化氛围，对中华优秀传统文化的传承与弘扬具有重要的作用。文化自信通过对中华优秀传统文化的理解与传播得以深化与拓展，中国面临着文化输出与传播的挑战与机遇。通过对中华传统文化的深入挖掘和传播，可以增强中国人民对自身文化的认同感和自豪感，提升国家的文化软实力，也有利于更好地与世界其他国家进行文化交流与互鉴。

中华优秀传统文化也需要与时俱进，与当代社会相结合才能焕发出更强大的生命力。在文化自信的引领下，中华传统文化不断吸收与融合外来文化，创造出新的文化形式与表达方式，适应当代社会的需求与发展。这样的创新与发展，既是对传统文化的传承，也是文化自信的体现。传承与弘扬中华传统文化是树立文化自信的重要基础；文化自信的提升又可以促进中华传统文化的深化与拓展。新时代中华民族将继续发扬传统文化的精髓，不断强化文化自信，为实现中华民族伟大复兴的中国梦而努力奋斗。

二、中华优秀传统文化何以成为文化自信的根基

文化自信这一民族、国家、政党在历史实践中逐渐积累的精神财富，是我们在改造客观世界、协调群体关系、调节自身情感的实践中形成的具有时代特征、地域风格和民族样式的文化认同与自豪感。对于中华民族而言，这份自信源于五千年的文明史，源于博大精深、源远流长的中华优秀传统文化。回望历史，中华传统文化在农业文明的范式下始终保持文化自信，儒家文化强调仁爱、礼义，道家文化主张自然、无为，这些思想共同构成了中华民族的精神支柱，这种文化自信是我们在面对外来文化冲击时能够保持定力、坚守本色的重要支撑。随着全球化的深入发展，我们逐渐由农业文明向工业文明的范式过渡，在这一过程中许多人开始质疑根植于农业文明的中华优秀传统文化是否还能在现代工业文明中为文化自信注入活力？实践证明，中华优秀传统文化作为文化自信的根基始终具有不可替代的重要价值。

中华优秀传统文化历经岁月的洗礼，凝聚了无数先贤的智慧和心血，文化的底气来自时间的沉淀、来自历史的积淀，正是这份深厚的底

蕴,使得我们在面对现代工业文明的挑战时,能够保持从容和自信。在全球化与本土化的矛盾关系中,我们意识到本土的、民族的才是中国道路、中国实践的有力支撑。中华优秀传统文化作为我们的文化基因,是我们区别于其他民族的独特标识。文化自信还必须建立在共同体达成的共识上,即被共同体认可的价值理念上。中华优秀传统文化虽然根植于农业文明,但其蕴含的和谐、包容、自强不息等精神内核,能够为消除工业文明的弊病提供良方。这些价值理念在今天仍然具有现实意义,能够为我们提供精神指引和道德支撑。从历史维度、本土维度、价值维度来看,中华优秀传统文化是我们文化自信的坚固基石。未来我们要继续弘扬中华优秀传统文化,推动其与现代文明的融合创新,为实现中华民族伟大复兴的中国梦提供强大的精神动力。

(一)历史维度

中华文化是中华民族的骄傲和宝贵财富,五千年的文明史从未中断,这一独特而持久的文明在世界文明史上独树一帜,为当今时代的文化自信奠定了坚实的基础。文化自信需要有历史的沉淀作为支撑,而中华传统文化正是凭借其悠久的历史积淀和丰富的文化遗产赋予我们这种支撑。没有经过时间淘洗的文化往往缺乏深度和内涵,而中华传统文化正是经过千百年的历史洗礼而变得愈加丰富和深刻。中华优秀传统文化之所以成为文化自信的根基,还在于其独特的连续性。作为所有文明中唯一从未中断的文明,这种连续性源于中国传统社会的大一统稳定结构。这种连续性不仅赋予了中华民族深层的文化心理积淀,也成了凝聚共识的坚实力量。当今文化已成为民族国家的核心,中华优秀传统文化的连续性为我们提供了坚实的文化根基,使我们能够更好地应对世界文明的挑战和变革。这种基因在革命文化和社会主义先进文化的发展中得到了充分继承,为我们的文化自信增添了力量和底气。中华优秀传统文化的传承和发扬是我们每个中华儿女的责任和使命。只有坚定地信仰和传承中华传统文化,我们才能更好地坚守文化自信的根基,继续书写中华文明的辉煌篇章。

（二）本土维度

中国传统文化的本土化能力是其在历史长河中不断发展壮大的重要特征之一。尽管中国传统社会形成了超稳定的结构，但其文化发展却是一个充满活力和动态演进的过程。在历史的长河中，轴心时代开创的文明成果在文化的不断交流互动中被不断创新超越，而中华传统文化在这一过程中展现出了超强的本土化能力。

无论是面临军事强势力量的入侵，还是在改朝换代的动荡时期，中华传统文化都能够保持其文化上的独特性和领先地位。即使在面临来自异质文化的挑战时，如佛教的传入等，中华传统文化也能够在融合中实现创新。这种吸纳力与融合力的体现，正是中华传统文化本土化能力的集中表现，中国传统文化的本土化能力不仅强化了我们的文化自信，更在面对全球化浪潮时保护和传承着我们民族文化的固有精神。在跨文化交流与融合的过程中，我们应当珍视和发扬中华传统文化的本土特色，让其在时代的浪潮中焕发更加璀璨的光芒，为中华民族的文化繁荣与发展贡献力量。

（三）价值维度

文化作为民族的灵魂，是历史的积淀也是精神的寄托，在几千年的历史长河中中华民族创造了丰富而独特的中华文化，中华优秀传统文化更是其中的瑰宝，是我们坚定文化自信、实现民族复兴的重要支撑。中华优秀传统文化是一个博大精深的有机体，涵盖了思想观念、价值取向、道德情操、生活方式、礼仪制度、风俗习惯、宗教信仰、文学艺术、教育科学等诸多层面的广博内涵，这些文化元素在长期的历史发展中不断被中华民族吸收、传承和创新，形成了独具特色的文化体系。这种文化体系不仅是我们民族精神的体现，更是我们民族智慧的结晶。其所蕴含的价值理念如道法自然、天人合一、天下为公、自强不息、厚德载物等，都是中华民族在长期历史发展中形成的独特智慧。这些价值理念不仅有助于维护社会的和谐稳定，推动国家的发展进步，更为我们在全球化时代与其他文明交流互鉴、解决世界问题提供了重要的思想指引。

从历史的角度来看，中华优秀传统文化中的价值理念在维护社会稳定、推动国家发展中发挥了重要作用。道法自然、天人合一的思想，强调人与自然的和谐共生，为我们提供了可持续发展的思想基础；天下为公、大同世界的思想，倡导公平正义、共享发展的理念，为构建人类命运共同体提供了重要借鉴；自强不息、厚德载物的思想，鼓励我们不断进取、追求卓越，为实现中华民族伟大复兴的中国梦提供了精神动力。

中华优秀传统文化中的价值理念也对世界文明产生了深远影响。在前全球化时代，中国的伦理道德观念影响了整个东亚文化圈，甚至对欧洲的启蒙运动也产生了一定影响。伏尔泰、孟德斯鸠等启蒙思想家高度赞扬中国的伦理道德在国家治理中的作用，从中汲取灵感，推动了欧洲社会的进步。在世界文化交流日益频繁的今天，我们要坚定文化自信，深入挖掘中华优秀传统文化的优势与价值，推动中华文化走向世界舞台的中央。我们要通过文化交流与合作，让世界更好地了解和认识中华文化，增进各国人民之间的友谊和互信，我们也要积极借鉴其他文化的优秀元素，为我所用，推动中华文化的创新与发展，推动中华文化走向世界，为构建人类命运共同体贡献中国智慧和中国方案。①

三、中华优秀传统文化如何为文化自信注入活力

（一）汲取中华优秀传统文化的话语特色，构建新时代中国特色社会主义话语体系，这是增强文化自信的迫切需要

文化自信作为一个民族、国家、政党在历史实践中积累的精神财富，不仅体现在对自身文化的认同与自豪，更在于将这种认同与自豪转化为推动社会进步的力量，汲取中华优秀传统文化的智慧，构建新时代中国特色社会主义话语体系成为增强文化自信的迫切需要。中华优秀传统文化作为我们民族的文化基因，承载着丰富的价值理念和独特的话语体系。这些价值理念如和谐、包容、自强不息等，是我们立足于世界文化之林、增强文化自信的宝贵资源。独特的话语体系更是我们文化特色的重要体现，为我们提供了与世界对话的独特标识。当代中国的发展虽然令世界瞩目，但在话语体系的构建上却存在不足，我们缺乏为中国特色社会主义成就建构起来的话语体系，这使得我们在国际舞台上难以充分展

① 庞飞，李程骅．文化自信的多维认知与建构逻辑[D].南京：南京大学社会学院，2018：23.

示自身的文化魅力和价值。从中华优秀传统文化中挖掘特色，构建新时代中国特色社会主义话语体系，成为我们面临的重要任务。

要实现这一目标，首先要深入挖掘中华优秀传统文化的价值理念，这些理念不仅具有深厚的历史底蕴，更与现代社会的发展需求相契合，通过提炼和传承这些理念，可以为新时代中国特色社会主义话语体系提供丰富的思想资源。中华文化的语言艺术博大精深，其独特的表达方式和修辞手法为我们构建新时代中国特色社会主义话语体系提供了宝贵的借鉴。通过学习和运用这些表达方式，我们可以使我们的话语更加生动、形象，更具感染力和说服力。通过总结中华人民共和国成立以来特别是改革开放以来中国特色社会主义的伟大实践经验，我们可以将中华优秀传统文化的智慧与现代社会的实际相结合，形成具有中国特色的话语体系。这样的话语体系既能够准确阐释习近平新时代中国特色社会主义思想的精神内涵与独特价值，又能够为人民提供精神指引，推动社会的进步与发展。汲取中华优秀传统文化的智慧，构建习近平新时代中国特色社会主义思想话语体系，是我们增强文化自信、推动文化繁荣的重要途径，应该深入挖掘中华文化的精髓，注重话语表达的智慧，将传统文化与现代实践相结合，为构建具有中国特色的文化话语体系贡献我们的力量。

（二）创造性转化与创新性发展是中华优秀传统文化发展的正确指导方针，必将为新时代中国特色社会主义文化自信注入活力

中华优秀传统文化历经千年沧桑，积淀了深厚的文化底蕴和丰富的智慧资源，在新时代背景下努力使这份宝贵的文化遗产焕发新的生机与活力，将成为推动社会主义文化繁荣兴盛的重要力量。创造性转化与创新性发展作为中华优秀传统文化发展的正确指导方针，必将为新时代中国特色社会主义文化自信注入活力。创造性转化意味着我们要在继承中华优秀传统文化的基础上，结合时代特点和实践需求对其进行现代化的解读和重塑，既包括对传统文化元素的提炼和升华，也包括对传统文化理念的现代阐释和拓展。通过这种转化，我们可以使传统文化与现代生活相契合，让其在新的历史条件下焕发出新的光彩。在创造性转化的过程中，我们要注重保持文化的连续性和创新性。连续性意味着我们要尊重传统文化的历史脉络和精神内核，不能割裂传统与现代的联系；创新性则要求我们在继承的基础上敢于打破陈规，勇于探索新的文化表达

形式和发展路径,从而在传承中发展,在发展中传承,实现中华优秀传统文化的创造性转化。

创新性发展是创造性转化的延伸和拓展,强调在创造性转化的基础上,进一步推动中华优秀传统文化的创新发展,使其在新时代焕发出更加蓬勃的生机与活力。我们需要不断探索新的文化发展模式,推动文化与科技、旅游等产业的深度融合,打造具有中国特色的文化品牌和文化产业体系。在创新性发展的过程中,要注重发挥文化创新在推动社会进步中的重要作用。文化创新是社会发展的重要动力,可以激发人们的创造热情和创新精神,推动社会生产力的发展和社会文明的进步。我们要积极推动文化创新,鼓励文化工作者在创作实践中大胆探索、勇于创新,为新时代中国特色社会主义文化自信注入源源不断的活力。

创造性转化与创新性发展相辅相成、相互促进,开启了中华优秀传统文化发展的时代新篇,不仅为我们提供了推动文化繁荣兴盛的重要途径,更为我们树立新时代文化自信提供了有力支撑。在全球化日益深入的今天,面对多元文化的冲击和挑战,要坚定文化自信,以中华优秀传统文化为根基,不断推动创造性转化与创新性发展,让中华文化在新时代焕发出更加绚丽的光彩。

(三)理论阐释与实践创新相结合,中华优秀传统文化与中国现实相结合,为文化自信注入活力

中华优秀传统文化是中国历史长河中的宝贵遗产,蕴含着丰富的智慧和价值观念,在当代中国如何将传统文化与现实相结合,通过理论阐释与实践创新为文化自信注入活力,成为摆在我们面前的重要课题。通过对传统文化进行深入研究和理论阐释,可以使其与当今中国社会的发展需求相契合,为文化自信注入新的活力。在传统文化的基础上,探索适应当代社会发展需求的实践路径,推动文化创新与发展,如在教育领域,可以借鉴传统文化的教育理念和方法,结合现代科技手段培养具有创新精神和文化自信的新时代人才。推动传统文化的传播与传承,通过互联网、数字化技术等现代化手段,将传统文化以新的形式呈现给广大民众,使之更贴近现代生活,更容易被年轻一代接受和理解,增强文化自信的力量。政府、学界、社会各界应加强合作,共同致力于中华优秀传统文化与中国现实的融合。政府应加大对传统文化的保护和支持力度,为传统文化的传承与发展提供政策支持和资源保障;学界应深入研究

传统文化与现实的关系,提出可行的理论和实践方案;社会各界应积极参与传统文化的传播与推广,共同营造文化自信的氛围。理论阐释与实践创新相结合,中华优秀传统文化与中国现实相结合可以为文化自信注入新的活力,只有不断推动传统文化的创新与发展,将其与中国现实相结合,才能更好地激发民族自豪感,增强文化自信,为实现中华民族伟大复兴的中国梦贡献力量。

第三节　文化自信助力中华优秀传统文化的传承与弘扬

作为中华民族五千多年文明历史的结晶,中华优秀传统文化承载着丰富的思想精华、道德观念和艺术表现,为中国人民赋予了独特的文化基因和精神家园。随着时代的变迁和社会的发展,如何传承和弘扬这一宝贵的文化遗产,已成为当代中国面临的重要课题。文化自信是推动中华优秀传统文化传承与弘扬的关键力量。文化自信首先体现在对中华优秀传统文化的自豪与认同上,中华优秀传统文化源远流长,包括儒家思想、道家哲学、佛教文化、诗词歌赋、书画艺术等,这些文化符号凝聚了中华民族的智慧和创造力,承载了千百年来人民对美好生活的向往和追求。在当今世界文化多元化的背景下树立文化自信,发挥中华优秀传统文化的核心价值,不仅是对自身文化传统的尊重,更是对世界文化多样性的贡献。

传统与创新并非对立,而是相辅相成。在文化自信的引领下,我们能够更加自觉地发现、挖掘和创造符合时代需求的文化形式和内容,将传统文化与现代生活相结合,焕发出新的生机和活力,将传统的中国绘画艺术与现代科技相结合,使得传统绘画在数字化时代焕发出新的魅力;传统的中国戏曲艺术与当代舞台表现形式的融合,为戏曲注入了新的活力与时代内涵。

文化自信也推动了中华优秀传统文化的全球传播与交流。中国文化自古以来就具有开放包容的特点,吸收了外来文化的精华,形成了独特的文化传统。在当今全球化的背景下,文化自信使得中国人民更加自信地走向世界，向世界展示中华文化的魅力和价值。例如，中国的春节、端午节、中秋节等传统节日在世界范围内日益受到关注与喜爱，中国的传统医药、中华茶文化等也逐渐走向国际舞台，成为世界文化交流的重要纽带。

一、中华优秀传统文化的当代价值

（一）中华优秀传统文化是中华文明发展进步的精神力量

中华优秀传统文化是中华民族几千年文明发展的精髓所在，蕴含着丰富的智慧和价值观念，是中华文明的重要组成部分。作为中华文明的灵魂，传统文化承载着丰富的精神内涵，对中国社会的发展进步起着重要的推动作用。中华民族创造了灿烂辉煌的文明，形成了独特的文化传统，这些传统文化包括儒家思想、道家思想、佛家思想等，构成了中国传统文化的核心，这些传统文化不仅反映了中国古代社会的价值取向和道德规范，也为当今社会提供了宝贵的精神资源和思想指导。中华优秀传统文化强调“仁爱”“和谐”“中庸”等核心价值观，儒家思想强调仁爱和孝道，提倡人伦关系和谐相处；道家思想主张顺应自然、尊重生命，追求心灵的平静与宁静；佛家思想倡导舍己为人、慈悲为怀，追求心灵的解脱与超越。这些价值观念不仅指导着个人的行为举止，也影响着社会的发展进步，推动着中国文明不断向前发展。

“礼义廉耻”“孝悌忠信”等传统道德观念，对中华民族的精神品质和道德修养产生了深远影响。传统文化强调人与人之间的相互尊重和关爱，强调家庭伦理和社会责任，培养了中华民族勤劳朴实、尊老爱幼的优良传统。传统道德观念不仅是中华文明的重要组成部分，也是中华民族凝聚力和向心力的源泉。中华优秀传统文化具有包容性和开放性，吸收了多种文化因素，形成了独特的文化特色。中国自古以来就是一个多民族、多文化共存的国家，中华文明在与外来文化的交流中不断吸收、融合、发展，形成了开放包容的传统文化。这种包容性和开放性不仅为中华文明的繁荣与发展提供了动力，也使中国在世界文明交流中发挥了积极的作用。

（二）中华优秀传统文化是治国理政、安邦济世的思想资源

中华优秀传统文化是中华民族几千年文明的精髓，蕴含着丰富的治国理政、安邦济世的思想资源。这些传统文化不仅是中国古代政治家和智者总结实践经验的智慧结晶，也是当今中国社会发展的宝贵精神财富。

1. 儒家思想

儒家思想是中国古代最重要的思想流派之一，它深刻地影响了中国文化和社会的发展。儒家思想起源于中国春秋战国时期，最早由孔子创立，孔子提出了“仁义礼智信”的思想体系，强调了道德修养和社会责任，在孔子之后儒家思想逐渐发展成为中国古代的主流思想，影响了中国的政治、教育和文化。

汉代儒家思想得到了进一步的发展，成为官方的统治思想。儒家经典如《论语》《孟子》等被广泛传播和学习，儒学成为士大夫阶层的主要教育内容。儒家思想的核心是关于人的修养、社会秩序和政治治理的理论体系，强调了人与人之间的和谐相处、社会稳定与进步。仁是儒家思想的核心概念，代表着人对他人的关怀、善良和同情，儒家强调人们应该以仁爱之心对待他人，建立和谐的人际关系，推动社会的发展。礼仪是儒家思想中重要的道德准则之一，指的是一套规范人们行为的礼节和规范。通过遵循礼仪，人们可以体现出对他人的尊重和对社会秩序的维护，促进社会和谐。忠恕是儒家思想中的重要原则，指的是忠诚和宽容，儒家强调人们应该忠于自己，同时对他人要宽容和谅解，以建立稳固的社会关系。孝道是儒家思想中的基本道德观念，强调子女对父母的孝顺。儒家认为孝顺父母是人伦关系中至高无上的美德，也是建立和谐社会的基石之一。儒家思想对中国文化和社会的影响深远而持久，政治上儒家强调了君臣、父子、夫妇等社会关系的伦理原则，为中国的政治制度提供了道德基础。

2. 道家思想

道家思想的核心概念是“道”，即宇宙的本源和运行规律。道家认

为，宇宙中存在着一种超越万物的道，是一切事物的根源和原则。追求道的境界，是追求超越常态的心境和境界，通过与道的合一来达到心灵自由和超越苦难的境界。道家强调“无为而治”的理念，主张不操劳于功利之心，而是顺应自然、随遇而安。无为而治并不是指不作为，而是指不强求、不刻意干涉，尊重自然规律，顺其自然。道家倡导与自然和谐相处，强调顺应自然、顺其自然的生活方式。他们认为，人应当遵循自然的规律生活，与自然融为一体，不与自然相抗争，而是与之共生。道家注重内在的修养和精神上的提升，倡导内观修行，通过反思、静心等方法，探求心灵的平静和自由。

老子是道家思想的奠基人，他的著作《道德经》是道家的重要经典之一。在《道德经》中，老子阐述了“道”的概念，强调无为而治、顺应自然的思想。庄子在《庄子》一书中，进一步发展和阐述了道家的核心理念，提出了“逍遥游”“无为而治”等重要观念。

3. 墨家思想

墨家思想以其独特的社会伦理和政治理念，对后世产生了深远的影响。在现代社会，墨家思想中的“兼爱”“非攻”等核心理念，不仅在道德伦理上有着重要的指导意义，也为治国理政提供了宝贵的启示。墨家思想的核心理念可以概括为“兼爱”和“非攻”，“兼爱”主张人们应该超越血缘、地缘等局限，对所有人持有平等的爱，实现全民共同利益的最大化。“非攻”则反对无谓的战争和暴力，主张通过和平、对话的方式解决冲突和矛盾，墨家思想在治国理政中有着广泛的应用，“兼爱”的理念启示领导者在制定政策时，要充分考虑全民的利益，避免偏袒特定群体，实现社会的公平正义；“非攻”的理念为领导者在处理国际关系和冲突时提供了重要的指导。领导者应该秉持和平、包容的态度，通过外交、谈判等手段，化解矛盾，维护国家和世界的和平稳定，墨家思想还强调领导者应该以身作则，践行“兼爱”和“非攻”的理念，通过自己的言行影响和带动社会风气，促进社会的和谐发展。

墨家倡导节俭和勤劳，反对奢侈和浪费。他们主张通过勤劳努力、节俭持家，以实现个人和家庭的幸福与稳定，墨家崇尚工匠和劳动者，认为工匠的劳动是对社会有益的，应当受到尊重和赞扬。他们反对贵族和官僚的奢侈生活，认为真正的价值在于劳动和实践。墨子是墨家学派的创始人，他的名字也成了学派的名称。墨子是一位思想家、社会改革者和工程师，他提出了“兼爱”“非攻”等重要理念，并通过自己的实践活动来推广墨家思想。《墨子》是墨家学派的重要著作，收录了墨子及其门徒的思想和论述。这部著作对墨家思想的发展和传播起到了重要作用，成为墨家思想的重要载体之一。

4. 法家思想

法家思想作为中国传统文化中的重要思想流派，以其对法律和制度的重视，对后世政治治理产生了深远的影响。在现代社会，法家思想中的严明法纪、规范和制度等核心理念，不仅在维护社会秩序上有着重要的指导意义，也为现代治理提供了宝贵的启示。法家思想的核心理念可以概括为“严明法纪”和“重视规范和制度”。“严明法纪”主张法律面前人人平等，通过严格执行法律来维护社会正义和秩序，“重视规范和制度”则强调建立一套完善的制度体系，以规范人们的行为，保障社会的正常运行。

法家思想在治国理政中有着广泛的应用，“严明法纪”的理念可以让领导者在制定和执行法律时，要坚持公正、公平，确保法律的权威性和严肃性，“重视规范和制度”的理念为领导者在构建社会治理体系时提供了重要的指导。领导者应该建立一套科学的制度体系，明确各种社会行为的规范和标准，通过制度来引导和约束人们的行为。法家思想还强调领导者应该以身作则，严格遵守法律和制度，通过自己的言行来树立法律和制度的权威，促进社会和谐发展。

法家重视统治者的权威和政治力量，主张实行严格的中央集权制度，以确保国家的统一和稳定。他们认为，强有力的统治者可以通过权威和威严来维护社会秩序，推动国家的发展。法家强调实用主义和功利主义，认为政治和社会制度应当以实际效果为导向，追求最大的功利和利益。在法家看来，一切政策和制度的设计都应当以实际利益为出发点，以实现国家长治久安为最高目标。法家倡导纵横家的思想，主张灵活运用策略和手段，以实现政治和军事上的胜利。他们认为，统治者应当善于运用权谋和智慧，以应对复杂的政治局势和外部威胁。

韩非子是法家学派的代表人物之一，他的著作《韩非子》系统地阐述了法家的政治理论和思想观点。韩非子主张严厉的法治和强力的中央集权，对中国古代政治思想产生了深远影响。商鞅是战国时期秦国的政治改革家，他通过实行变法，推动了秦国的政治和社会发展，为秦国的崛起奠定了基础。商鞅的变法思想和政治实践体现了法家思想的核心观点。

（三）中华优秀传统文化是社会主义建设的思想资源和精神支撑

中华优秀传统文化是中华民族几千年来的文明积淀，是中华民族宝贵的精神财富，这些传统文化不仅承载着民族的历史记忆和文化传承，更为当今社会主义建设提供了重要的思想资源和精神支撑。中国古代的礼仪文化强调的是人与人之间的尊重、关爱和责任，在社会主义建设中这种文化传统为构建和谐社会提供了重要借鉴。尊重他人、关爱社会、履行社会责任是社会主义核心价值观的重要内容，与中国古代的礼仪文化密切相关。我们应当继承和发扬中华优秀传统文化，结合时代需求推动社会主义事业不断向前发展，实现中华民族伟大复兴的中国梦。

（四）中华优秀传统文化是和平外交战略思想发展的文化基石

中华优秀传统文化为当今和平外交战略的发展提供了文化基石和思想支撑。中国传统文化强调和谐共处的理念，强调人与人、人与自然之间的和谐关系。这种理念对于实施外交战略具有重要意义，因为和谐共处是国际社会共同发展的基础，通过尊重彼此的文化差异、寻求共同利益点、解决分歧和矛盾建立起和平稳定的国际关系。中华优秀传统文化弘扬和平思想，主张以和为贵、以和为美。这与现代国际关系中的和平外交战略相呼应，通过对话、协商、合作，解决国际争端和矛盾，推动国际社会走向和平发展的道路。中国传统文化中的“天下大同”理念，强调世界大同、民族平等、文明共融的理念。这一理念为构建开放、包容的国际关系提供了重要借鉴，倡导不同文明间的交流互鉴，实现各国共同发展繁荣，是推动和平外交战略发展的重要途径。

中国传统文化倡导“和而不同”的理念，强调在多样性中实现统一。这一理念为国际社会的多元文化交流和合作提供了重要参考，尊重各国的文化传统和社会制度，通过对话协商解决分歧，实现和平共处，是和平外交战略的基本原则之一。中国传统文化强调和平发展的重要性，倡导和平竞争、和平发展，国际关系中和平发展是推动世界各国共同繁荣的重要动力，通过互利共赢的合作，实现各国经济社会的共同发展，推动构建人类命运共同体。中华优秀传统文化是践行和平外交战略思想的文化基石，蕴含着丰富的民族智慧和价值观念，为构建人类命运共同体提供了重要的思想资源和精神支撑。

二、中华优秀传统文化的传承与创新

（一）要在价值层面找到古代和现代的对接点

清明节是中国的传统节日，人们在这一天会踏青、祭祖，表达对先祖的怀念之情。随着时代的变迁，清明节的含义不断演变，现在我们不仅祭祖，更表达对为国家和人民而牺牲的革命先辈们的敬仰和崇敬之情。我们所倡导的不再仅仅是个人对家庭的责任感，更要继承革命先辈对民族、对国家的责任感、使命感。清明节的传统活动如扫墓祭奠，已不再局限于对亲人的纪念，也承载着对国家历史和民族精神的传承与弘扬。我们所弘扬的不再只是忠孝文化、礼仪文化，更重要的是一种感恩精神和人文情怀。清明节成了一个缅怀历史、感恩社会的日子，通过祭拜先烈、整理家族史谱等方式，表达对历史的铭记和对社会的感恩之情。

中华优秀传统文化中的古诗词对于现代人来说晦涩难懂。随着社会的发展，一些创新方式逐渐出现。比如《经典咏流传》这样的综艺节目，其以歌唱的形式将这些经典传承下去，让人们在欣赏中感受到传统文化的魅力，更加记忆犹新。这种创新不仅丰富了人们的文化生活，也使得传统文化更加贴近当代社会，更易于被年轻一代接受和传承。传统与现代并非对立，而是相辅相成，通过找到古代与现代的对接点，我们能够更好地传承和弘扬传统文化的精髓，使之在当代社会焕发新的生机与活力。这种融合不仅让我们更好地理解和尊重历史，也为我们的精神世界注入了新的活力和意义。传统与现代的融合是我们文化发展道路上的一项重要任务，也是推动社会进步与发展的重要动力。

(二)要在价值层面找到中国和世界的对接点

在全球化的今天,文化交流日益频繁,但不同文化背景下的价值观差异仍然是一个不容忽视的问题。由于文化差异,许多中国优秀的传统故事在讲述给外国人听时,往往会引起误解或不同的理解,这就需要在价值层面找到中国和世界的对接点,以促进不同文化之间的理解和交流。以中国的传统故事为例,愚公移山和精卫填海的故事在中国文化中代表着坚韧不拔、持之以恒的精神,当这些故事被讲述给外国人时,他们可能会从环保的角度理解,认为我们在破坏大自然。这种误解的产生正是因为我们没有在价值层面找到中国和世界的对接点,因此需要向他们解释清楚这些故事背后的深意,即凝聚在愚公和精卫身上的迎难而上的精神,这是世界上所有人的共同追求。

为了找到这种对接点,首先要深入了解不同文化背景下的价值观。每个国家和民族都有其独特的文化传统和价值观。这些价值观在他们的日常生活中起着重要的指导作用。只有当我们深入了解这些价值观,才能更好地理解他们的行为和思维方式。我们要善于在价值层面进行沟通和交流。在与外国人交流时,我们不仅要讲述中国的传统故事,还要解释其中的价值观和深层含义,我们也要尊重他们的价值观,倾听他们的观点和想法,建立平等、互信的交流关系。在人与人的关系上中国强调的是"和而不同"的理念。这种理念认为,虽然人与人之间存在差异和争斗,但我们应该追求和谐相处,而不是追求征服和统一。这种理念在当今世界尤为重要,因为全球化和科技进步使得不同文化之间的交流和碰撞更加频繁。强调"和而不同",促进不同文化之间的理解和包容,推动构建人类命运共同体。人类命运共同体的理念是中华文化的"和而不同"理念和当代价值观的融合,强调各国之间的紧密合作和共同发展,实现全球和平与繁荣。这种理念符合当今世界的发展趋势,体现了中华文化的独特智慧。通过推广人类命运共同体的理念,让世界更好地理解和接受中华文化,也为全球治理和发展贡献中国智慧和中国方案。

（三）要积极推进中国文化“走出去”

进入21世纪，随着全球化进程的加速，文化交流的重要性愈发凸显。在这个时代背景下，文化竞争已经成为国际竞争的重要方面，甚至可能超越了传统的军事、政治、经济等领域，推进中国文化“走出去”显得尤为重要。文化的碰撞、交流、融合不仅是文化领域的竞争，更可能对人类的各个层面产生深远影响。一种文化的影响力可以渗透到意识形态、民族认同乃至国家形象，决定着一个国家在国际舞台上的地位和影响力。在这样激烈的国际竞争中，谁能够占据文化发展的制高点，谁就能够赢得主动、占得先机。中国作为一个拥有悠久历史和深厚文化底蕴的国家，有着强大的文化软实力，推进中国文化“走出去”，不仅有利于提升中国在国际社会中的话语权和影响力，更能够促进中华文化的传播和传承。通过文化的输出，中国可以更好地展示自己的核心价值观、传统智慧和创新成果，提升国家形象和国际竞争力。中国文化的“走出去”也是一个双向的过程，在推动中国文化走向世界的同时，也要积极吸纳和借鉴其他文化的优秀成果，实现文化的互鉴和共赢。这有利于丰富中国人民的精神生活，也有助于推动全球文化多样性的发展，促进世界文明的繁荣与进步。①

第四节　坚定与构建中华优秀传统文化自信的思考

一、坚定文化自信，挖掘中华优秀传统文化的优势与价值

中华优秀传统文化是中华民族历史长河中的一座丰碑，是源远流长的文明瑰宝。在几千年的历史变迁中，中华民族以其深厚的文化底蕴和博大精深的思想智慧，创造了令世人赞叹的中华文化。其不仅承载着中华民族的历史记忆，更是中华民族长期发展和不断进步的精神支柱与智

① 俞雅琪．国民中华优秀传统文化自信培育研究[D]．临汾：山西师范大学，2018：36.

力支持。

中华优秀传统文化根植于中华传统文化的土壤之中，是一个丰富而有机的体系，承载着中华民族的历史记忆和文化基因，是中华传统文化的精华所在，展现着中华民族的气魄和精神内涵。这个文化体系中蕴藏着丰富的智慧和启迪，为中华民族的精神世界提供了源源不断的滋养和力量。中华优秀传统文化的优势和价值在于其深厚的历史积淀和丰富的文化内涵。它不仅是中华民族的文化底蕴，更是中华民族的精神财富和文化遗产。通过挖掘和传承中华优秀传统文化，我们能够更好地理解和把握中华民族的文化基因，增强对中华民族文化的自信和认同。中华优秀传统文化的传承和发扬是我们每个中华儿女的责任和使命，只有坚定文化自信，不断挖掘和传承中华优秀传统文化中的优势与价值，才能让中华民族的文化薪火相传，为中华民族的繁荣和发展贡献力量。

二、坚定文化自信，理性对待中华传统文化

在全球化浪潮的推动下，文化多样性成为世界各国的共同特征。文化作为民族精神的载体，是国家软实力的核心，面对多重异域文化的冲击，必须坚定文化自信，理性对待中华传统文化，既不过度自我陶醉，也不轻率否定自身文化血脉。任何一种文化都不可能与世隔绝，都需要从其他文化中汲取养分。中华文化源远流长，博大精深，历经数千年沉淀，形成了独具特色的文化体系。我们不能因此而过度自信，忽视其他文化的优点和价值，相反我们应该以开放的心态，积极借鉴其他文化的优秀元素为我所用，推动中华文化的创新与发展。

在面对中国传统文化时，过度肯定的态度可能导致文化上的自我满足和自我陶醉，甚至走向自我封闭，不切实际的态度会阻碍文化的进步，使我们在全球化的大潮中失去竞争力。对中国传统文化轻率否定，莽撞地切割自身的文化血脉，更是一种不负责任的行为。这会使民族成为无根之木、无源之水，丧失文化自信和民族凝聚力。我们需要把握好这一尺度。在面对中国传统文化时要做到客观诠释、理性对待，既要深入挖掘中华文化的精髓，传承和弘扬优秀传统文化，又要敢于面对传统文化的不足和缺陷，勇于进行批判和改革。

近代以前，中国人在心中将华夏文明视为世界上唯一的文明，这种心理的思想根源是“天朝”意识和“中央之国”情结。随着时代的变迁

和国际交流的增多，人们逐渐认识到世界上存在着多种文化，每种文化都有其独特的价值和魅力，我们应该摒弃过去的文化自负心理，以平等、尊重的态度对待其他文化。中华文化在世界文化之林中占据重要地位，积极宣传中华文化，推动中华文化走向世界舞台，让更多的人了解和认识中华文化的魅力，通过文化交流与合作增进与其他国家的友谊和互信，促进世界和平与发展。总之，坚定文化自信是推动中华文化发展的前提和基础，应该以理性的态度对待中华传统文化，既要传承和弘扬优秀传统，又要敢于面对和改革不足，在全球化的大背景下，坚定文化自信，推动中华文化不断向前发展。

三、坚定文化自信，大力弘扬中华优秀传统文化

中华优秀传统文化是中华民族的宝贵遗产，蕴含着丰富的物质与精神内涵，影响着中国人民的思想、行为和生活方式。这种传统文化不仅是一种文明成就，更是中国社会的精神支柱和文化基因。经过几千年的演变和传承，中华优秀传统文化始终保持着稳定性和持久性，为中华民族赋予了独特的民族特色和文化认同。文化自信的构建离不开人们有意识有目的的文化实践和传承活动。这种自信的基础在于对中华优秀传统文化的深度认同和传承。中华优秀传统文化涵盖了丰富多彩的内容，其包括儒家思想的仁义道德、道家的自然观念、佛教的慈悲智慧、诗词歌赋的艺术表达，以及传统的建筑、服饰和饮食等，这些都是中华民族智慧和创造力的结晶。这种文化共识不仅是历史的传承，更是中国社会凝聚力的源泉。

中华优秀传统文化具有跨越时空的永恒魅力，不仅增强了中华民族的向心力和凝聚力，还为当代中国人民提供了丰富的精神食粮和道德指南。在现代社会，文化自信意味着我们要坚定地继承、发扬和创新传统文化，通过增强文化认同感和民族归属感，培养对中华优秀传统文化的热爱与自豪，进而为文化传承和发展注入新的活力和动力。中华优秀传统文化留给我们的不仅是珍贵的历史遗产，还包括丰富的文学、艺术、建筑、服饰、饮食等方面的文化资源。开发和利用这些文化资源，不仅可以有效地传播和弘扬中华优秀传统文化，而且可以增强人们对自身文化的自信心和认同感。文化自信的增强让我们能够更好地将中华优秀传统文化传承给后代，使其在当代社会焕发新的生命力和创造力，为中华

民族的文化复兴贡献力量。文化自信助力中华优秀传统文化的传承与弘扬,这不仅是一种精神追求,更是对中华民族文化自身的尊重。我们要深入挖掘和传承中华优秀传统文化的精华,在全球化的背景下展现中国文化的独特魅力和价值,为构建人类命运共同体作出积极贡献。

第三章 文化自信视角下的中华优秀传统体育文化

文化自信视角下的中华优秀传统体育文化是民族精神的生动体现，承载着深厚的历史底蕴与独特的东方智慧，武术、龙舟等体育项目，不仅展示了中华儿女的体魄与技能，更传递了和谐、包容的文化理念。弘扬传统体育文化既是对历史的尊重与传承，也是增强文化自信的重要途径，为构建人类命运共同体贡献中国智慧。

第一节　中华传统体育文化的基础理论

一、中华传统体育文化的民族性

中华传统体育文化是各民族文化的精髓所在，反映着不同民族的历史、精神和价值观。在人类文化的创造过程中由于地域、历史和社会环境的不同，造就了各具特色的民族文化，其中传统体育更是深深烙上了民族性的印记。体育项目早已成为文化的象征之一。尽管各民族传统体育的类型和形式各异，但它们都蕴含着体育文化的共性特征和基本属性，也承载着浓厚的民族意识和文化气息，展现出各自独特的风采和特色。

中华传统体育文化以其悠久的历史传承着民族的文化基因。从古代的射箭、乒乓球、太极拳等项目，到现代的篮球、羽毛球等，都体现了中国人对体育活动的热爱和追求。中华传统体育文化也不断融合创新，将古老的传统与现代的元素相结合，展现出与时俱进的活力。中华传统体育文化深受中国优秀传统文化的影响，融合了儒家、道家、佛家等不同文化传统的精髓。例如，太极拳强调“以柔克刚”的哲学思想，反映了中华民族的包容与和谐；而象棋、围棋等棋类运动则体现了中国人注重智慧与策略的特点。中华传统体育文化注重强身健体，追求身心的平衡与和谐。在传统的体育项目中，往往强调身体力行、循序渐进的锻炼方式，培养人们的毅力和耐力。同时，许多体育活动也强调团队合作和协作精神，反映了中华民族重视集体主义和团结互助的传统价值观。中华传统体育文化不仅是一种体育活动，更是一种社会功能的体现和文化传承的载体，通过参与体育活动人们可以增强体质、提升自信心，促进社会交流与沟通，增进民族团结和文化认同，传承和弘扬中华民族的优秀传统文化。

中华传统体育文化的民族性通过体育精神、外在形式、运动规则和具体要求等方面得以体现。中国民族传统体育的民族性主要表现为整体性、和谐性、伦理性和教化性、养生性和保健性等。例如，武术作为中国传统体育的代表,强调的不仅是身体的锻炼,更是心、意、气的修炼,体现了中华民族追求和谐、平衡的传统观念。通过传承和弘扬中华传统体育文化,各民族可以更好地展示自己的文化自信,促进文化交流与融合,共同推动人类文明的进步和发展。

二、中华传统体育文化的地域性

中华传统体育文化的地域性在中国这样一个拥有广袤领土和多元民族的国家中尤为显著。中国的地理环境多样,从东到西、从南到北,自然地理差异和气候变化显著,这为不同地域的民族创造了独特的生存条件和文化环境。中国各地区的体育文化呈现出丰富多彩的地域特色,北方民族因其广袤的草原和适宜的骑马条件更倾向于发展骑射等个人体育项目;南方地区的水域众多,水路交通发达,因此水上运动和集体性体育项目更为盛行,如划龙舟等。这种区域性的差异不仅源自自然环境,也受到各民族的生产方式、生活技能和社会风尚的影响。

即便是同一地区、同一体育项目,由于开展地点的不同,也有不同的方式和方法。例如,北方的马球与南方的马球在规则、场地、技巧等方面可能存在一定的差异,反映了地域性和文化背景的影响。这些地域特点在中华传统体育文化中不断汇聚、融合,形成了丰富多样、富有地域色彩的文化景观。无论是草原上的蒙古摔跤、西南山区的藤球、还是东南沿海的龙舟竞渡,都展现了中国各地不同民族的生活方式和文化传统。中国民族传统体育形式的多样性和地域性并非偶然,而是社会文化发展的必然产物。这种地域性不仅丰富了中华传统体育文化的内涵,也为各地区民众提供了丰富多彩的体育娱乐和锻炼途径。

三、中华传统体育文化的封闭性

长期以来,各民族文化在相互借鉴、吸收、碰撞和融合中逐渐形成了共同的文化价值观和多元一体的文化格局。文化的交流和融合不仅丰富了中国的文化遗产,而且为国家的文化认同和团结作出了重要贡献。由于自然地理因素、自给自足的小农经济、血缘和宗族等多种因素的影响,中国的传统文化也展现出一定的封闭性。这种封闭性不仅表现在语言、风俗、宗教等多个方面,更深入地渗透到中华传统体育文化中。各少数民族和同一民族的传统体育文化都有其独特的风格和特点。正如古人所言,“百里不同风,十里不同俗”。地域性和文化多样性使得某些体育活动仅在特定的群体或地区内得以传播和发展,甚至在一些地方自生自灭。以陈家沟的太极拳为例,由于其所处的地理环境相对封闭,这一太极拳流派与其他同类拳种的交流受到了限制。陈家沟太极拳在这一特定的地区范围内自我萌发和发展,形成了独特的太极拳风格,但其传播范围却相对有限。这种封闭性既保留了陈家沟太极拳的纯正传统和特色,也限制了其在更大范围内的推广和发展。

中华传统体育文化的封闭性是一把双刃剑,一方面,它保护和传承了各地区、各民族的独特体育文化,丰富了中国传统体育文化;另一方面,也限制了中华传统体育文化的交流和发展,使得一些宝贵的体育资源和知识难以得到广泛的传播和应用。鉴于中华传统体育文化的封闭性,我们既要珍惜和保护传统体育文化,也要积极推动其与现代体育文化的交流和融合,促进传统体育的创新发展和国家体育事业的繁荣。

四、中华传统体育文化的生产性

中华传统体育文化的生产性在中国各民族中具有重要意义。生产活动作为体育文化产生的重要源头,为民族传统体育的发展奠定了基础。在中国北方地区,马匹是人们生产和生活的必备工具,而马术运动便是由此演化而来的体育项目。这种运动不仅是一项体育竞技,更承载着民族生产生活的历史和文化积淀。与此同时,居住在东北原始森林地区的鄂伦春族长期从事狩猎业生产,形成了豪放、勇敢、强悍的性格,喜爱射击、赛马、皮爬犁、桦皮船,甚至斗熊等体育活动。这些都与其生产方式和生活环境密切相关。以骏马、猎枪、猎犬闻名于世的鄂伦春族通过体育活动展现着他们的勇敢和技艺。

生产性是民族传统体育发展的重要基础,也是其最基本的文化属性之一。民族传统体育不仅是一种娱乐和竞技活动,更是民族生产生活方式和文化传承的体现,承载着民族生活的历史印记和智慧积淀,是中国民族文化的重要组成部分。了解和传承中华民族传统体育文化,不仅有助于弘扬民族文化,更能够促进民族团结和文化多样性。

五、中华传统体育文化的生活性

中华传统体育文化的生活性在人类文明发展中扮演着重要角色。人类的生活环境和生产方式深刻地影响着体育文化的形成与演变,在早期人类社会生活与生产活动密不可分。狩猎、游牧、耕作等生产行为不仅是生存的手段,也塑造了体育文化。庆祝收获、祈祷祭祀等活动都离不开体育形式,如舞蹈、竞技等这些活动体现了人们对自然力量的敬畏和对生活的热爱。随着社会的发展和文明的进步,人类的生活方式发生了根本性的变化,生产活动的性质也逐渐演变。体育作为生活的一部分,生产性逐渐减弱,但在现代社会,体育的重要性却日益凸显,成为人们生活的核心和文化的主体。体育不仅仅是一种娱乐和竞技活动,更是社会凝聚力和文化认同的体现。在汉族聚集区,随着城市化和现代化进程的推进,中华传统体育文化逐渐呈现弱化的趋势。但在少数民族地区,许多传统体育活动仍然保留着古老的生活方式和文化传统。

少数民族地区的中华传统体育文化具有鲜明的生活性特征,体现了人们与自然和谐相处、勇敢坚韧的精神品质。例如,蒙古族的赛马、藏族的射箭、哈尼族的跳火圈等活动都源自他们特定的生活环境和生产方式,体现了对自然力量的敬畏和对生活的热爱。这些体育活动不仅是传统生活的延续,更是少数民族文化的重要组成部分,承载着民族认同感和社会凝聚力。中华传统体育文化的生活性是多元文化的体现,不仅展示了人类与自然的关系,也反映了不同民族和地区的独特精神和文化底蕴。保护和传承中华传统体育文化,不仅有助于弘扬民族文化,更能促进文化多样性,推动人类社会向着更加和谐、包容的方向发展。

六、中华传统体育文化的认同性

中华传统体育文化在塑造民族认同和文化形象方面扮演着重要角色。民族认同的基础是对共同历史、传统和文化的认同,而体育作为文化的重要组成部分,在民族文化认同中具有显著的符号作用和形象提升效应。以中国武术为例,它不仅是一种技术动作的总结,更是凝结了中国古代战争技艺与哲学思想的结晶。经过长期的演化和传承,中国武术融合了竞技性和健身性,形成了独特的体育项目。其背后蕴含着丰富的东方哲学内涵，充分展现了中华民族文化的独特性。中国武术不仅仅是一项体育运动，更是中华文化的重要象征，为世人瞩目。不同民族的体育项目也反映了其独特的文化特征和民族身份。例如，蒙古族的搏克、维吾尔族的且里西、藏族的北噶等摔跤形式，虽然都属于摔跤类运动，但在技术动作、比赛规则以及文化内涵上各有不同，彰显了不同民族的标志性特征。这些体育项目不仅是民族传统的延续，更是民族认同的象征和文化遗产的传承。中华传统体育文化的认同性不仅体现在民族传统项目中，也可以通过现代体育赛事、表演等形式得到展示。中国的太极拳表演、传统舞龙舞狮等活动在世界范围内广受欢迎，成为中国文化的重要使者，弘扬着中华民族的优秀传统和精神风貌。中华传统体育文化作为民族认同和文化形象的重要组成部分，不仅丰富了民族文化的内涵，更是促进民族团结、提升文化自信的重要力量。传承和发展中华传统体育文化可以促进民族文化的传播与交流，增进各民族之间的理解和友谊，为构建和谐稳定的社会奠定坚实的文化基础。

第二节　中华优秀传统体育文化蕴含的文化自信

按照文化三层次理论学说，任何一种文化都具有“物质、制度和精神”三个层次。这三个层次之间不是相互独立、各自发展的，而是作为一个整体，相互促进、相互转换或者相互渗透，共同构成文化体系，形成其价值系统。民族传统体育文化作为中华优秀文化的重要组成部分，其传承除了关乎体育事业的发展外，更涉及一个民族的文化认同和精神传承。从文化结构三层次的理论视角来审视民族传统体育文化，能够更深入地理解其传承的理论依据。只有全面理解和把握其物质、制度和精神三个层次的内涵和关系，才能更好地推动民族传统体育文化的传承和发展。

一、中华优秀传统体育文化蕴含的精神文化自信

（一）中华优秀传统体育文化的精神文化内涵

受我国传统经济模式和儒家“天人合一”与“气一元论”思想的深刻影响，我国人民在处理人与自然的关系时，始终坚守着整体性和和谐性的原则。这种哲学思想也深深地渗透到了传统体育之中。

传统体育在其发展过程中，始终强调人与自然的和谐统一，倡导整体效益的优先性，追求人体运动与外部世界的协调共进。它反对对事物进行极限化的开发，而是倡导通过基本功与完整练习相结合的方式来进行体育锻炼。这种锻炼方法不仅注重身体的锻炼，更强调在意念的引导下，通过身体活动达到体育运动所追求的身心和谐、天人合一的最高境界。这种理念不仅体现了对自然的尊重，也彰显了对人类自身发展的深刻理解。

传统体育在漫长的封建社会中，深受农业型经济、高度集中的中央集权制以及与之相契合的儒家文化的深远影响，进而形成了其独树一帜的特色。在封建社会，学校教育的内容主要侧重于治理国家和济世利民的道德教育，对德育的片面强调导致脑力劳动与体力劳动分离，这不仅制约了教育事业的全面发展，也阻碍了人的全面均衡发展。在这一社会背景下，传统体育面临着发展的困境。它无法充分展现其独特的价值，也难以推动政治和经济制度的革新。尽管面临诸多挑战，传统体育仍然坚守着守内、尚礼、恋土的民族情结，这种情感不仅体现在体育活动的内在精神层面，也深深植根于民族文化的土壤之中，成为中华民族宝贵的文化遗产。由此可见，在漫长的古代历史中，学校体育一直处于被忽视的边缘地位，其地位相对低下。在封建统治者“以德为先”的治理思想下，只有养生类和保健类体育获得了相对较大的发展空间，这一现象深刻反映了经济基础对上层建筑的决定性作用。

教育作为生产力和科学知识再生产的手段以及科学知识转化为生产力的必经之路，在封建社会却受到了严重的制约。由于生产力水平低下，学校教育发展滞后，甚至休闲娱乐体育被完全禁止，这极大地限制了传统体育的发展。在缺乏良好教育环境和社会氛围的背景下，传统体

育无法充分展现其魅力和价值,更难以在促进人的全面发展和推动社会进步中发挥积极作用。

在我国历史悠久的传统文化中,“尊尊亲亲”的宗法观念占据着核心地位,这一观念深深烙印在社会的每一个角落。这种文化的显著特征在于,它以家庭、家族为出发点,将尊尊亲亲的价值观念拓展至整个社会群体,从而形成了传统文化中以社会群体为本位的价值取向。在这种价值取向的深刻影响下,传统体育领域也呈现出了明显的群体价值导向。在这种环境下,以个人为基础的竞技模式不仅难以得到充分的发展,反而在一定程度上受到了限制。这种倾向不仅体现了传统文化的核心价值,也深刻地影响了传统体育的发展轨迹。

(二)中华民族传统体育文化注重教化、伦理与道德

中华民族孕育了丰富多彩的传统文化,中华民族传统体育无疑是一颗璀璨的瑰宝,深深地根植于中华民族的文化土壤之中。其不仅体现了中华民族的智慧与力量,更承载了深厚的教化、伦理与道德内涵。中华民族传统体育自古以来便与中华民族的文化价值观紧密相连,这种价值观强调情感和尊崇道德,这在体育活动中得到了生动的体现。无论是传统的武术、太极,还是现代的乒乓球、羽毛球,都蕴含着深厚的道德情感和文化底蕴。体育活动不仅仅是对身体的锻炼,更是对心灵的洗礼和升华。

图 3–1　羽毛球

图 3-2　乒乓球

在中华民族传统体育中,伦理教化始终占据着重要的地位。这种教化不仅体现在对运动员的培养上,还体现在对整个社会的塑造上。受儒家文化的影响,中华民族传统体育在目的作用上呈现出明显的伦理教化价值趋向,强调人与人之间的相互尊重、和谐共处以及个体与社会的共同发展。中华民族传统体育也充分体现了尊卑有别的等级观念,这种观念虽然在现代社会中逐渐淡化,但在古代社会却是维系社会秩序的重要基石。体育比赛中运动员的等级、身份往往决定了他们在比赛中的地位和待遇,这种等级观念虽然有其局限性,但也体现了中华民族对秩序和稳定的追求。中华民族传统体育还展现出了崇文尚武的运动形态。这种形态既体现了中华民族对文化的热爱和尊重,也体现了对武力的崇尚和追求。在传统文化中,文武并重是一种理想的状态。体育作为一种文武结合的活动形式,既能够锻炼身体,又能够陶冶性情,提高人的综合素质。中华民族传统体育是一种集教化、伦理与道德于一体的文化现象,其不仅是一种体育活动,更是一种文化传承和精神寄托。随着全球化的加速和现代化的推进,中华民族传统体育面临着新的挑战和机遇。我们应该更加珍视和传承这份宝贵的文化遗产,让它在新时代焕发出更加绚丽的光彩。

（三）中华民族传统体育文化注重人与自然的和谐统一

和谐统一的理念不仅体现在体育活动的形式和内容上，更贯穿于中华民族的传统价值观和生活方式之中。在中华民族的传统观念中，人与自然是一个不可分割的整体。人作为自然界的一部分，应当顺应自然、尊重自然、与自然和谐相处。这种观念在中华民族传统体育中得到了充分体现。无论是武术的招式、太极拳的呼吸，还是龙舟竞渡的节奏、舞狮的韵律，都体现了人与自然的和谐统一。为了处理好人与自然的关系，中华民族传统体育强调“法四时、法天地”。这意味着体育活动应当顺应自然规律，根据季节、气候的变化来安排训练内容和方式。体育活动也要借鉴天地之间的阴阳、五行等哲学思想，以此来调节人体的机能、形态、精神、意念等方面。天人合一的哲学思想为中华民族传统体育赋予了深厚的文化内涵和独特的魅力。

中华民族传统体育是在淳朴的社会、自然环境中孕育而成的。特殊的文化生态系统为中华民族传统体育的创造和发展提供了丰富的土壤和养分。中华民族先民们凭借着对自然的敬畏和对生活的热爱，创造出了独具特色的体育活动。体育活动不仅锻炼了人们的身体，更培养了人们与自然和谐相处的意识和能力。随着科技的进步和文明的发展，人与自然的关系面临着新的挑战和机遇。中华民族传统体育所蕴含的和谐统一理念，仍然具有重要的现实意义和价值。在追求现代化的过程中，我们不应忘记与自然和谐相处的重要性。只有尊重自然、顺应自然，才能实现人类社会的可持续发展。我们应该大力弘扬中华民族传统体育文化，传承和发扬其注重人与自然和谐统一的精神。通过参与体育活动，我们可以更好地了解自然、尊重自然，培养与自然和谐相处的意识和能力。我们也应该积极推广中华民族传统体育，让更多的人了解和体验其独特的魅力，推动人类社会的和谐发展。

（四）中华民族传统体育文化注重群体价值与民族情结

中华民族传统体育作为一种独特的文化现象，普遍存在于我国各个民族之中。其不仅具有提升身体素质、满足心理需求的实用功能，更在民族内部共同价值取向、伦理道德和审美情趣的基础上展现出了强烈的亲和力、群体价值和民族情结。独特的文化特质让中华民族传统体育在各民族中具有不可取代的地位，成为民族成员对本民族自豪感、亲近感的集中体现，也是坚定文化自信的根本。无论是汉族的太极拳、舞龙舞狮，还是藏族的歌舞、摔跤，或是维吾尔族的赛马、叼羊，这些体育活动都深深扎根于各民族的日常生活之中，成为民族团结和交流的桥梁。人们不分彼此共同参与体育活动，共同享受运动的快乐，增进了民族之间的了解和友谊，强化了民族的凝聚力和向心力。每一种传统体育项目都承载着特定的民族历史和文化记忆，反映了民族的精神风貌和生活方式。例如，蒙古族的摔跤不仅是一项体育竞技，更是一种展现民族勇气和力量的象征；苗族的鼓舞体现了民族对自然的敬畏和对生活的热爱，通过代代相传成为民族文化的重要组成部分，激发了民族成员对本民族的自豪感和归属感。在传统体育活动中，人们追求的是和谐、团结、公平、勇敢等积极向上的价值观，这些体育活动也传承了中华民族的伦理道德观念，如尊老爱幼、诚实守信、礼让谦和等道德观念，在体育活动中得到了生动的体现和传承。我们应该更加重视传承中华优秀传统体育文化，让其在现代社会中焕发出新的生机与活力。通过推广和普及中华民族传统体育，增进各民族之间的了解和交流，促进民族团结和社会和谐，共同构建中华民族共有的精神家园。

二、中华优秀传统体育文化蕴含的物质文化自信

（一）中华优秀传统体育文化的物质文化内涵

我国拥有众多传统体育项目，这些项目蕴含着深厚的物质文化内涵，独特的运动器材、精良的设备、珍贵的文献典籍以及丰富的出土文物等多个方面共同构成了我国传统体育文化的独特魅力，展现了中华民族悠久历史和灿烂文化的瑰宝。

图 3-3　舞龙舞狮

图 3-4　太极拳

民俗作为传统体育的深厚土壤，孕育了无数具有独特魅力的运动项目。据《中华传统体育志》所载，截至目前，已有 977 个传统体育项目被发掘和整理，其中汉族拥有 301 个，而各少数民族则贡献了 676 个。这些传统体育项目中，龙舟、武术、气功、风筝等已经跨越国界，成为世界文化宝库中的瑰宝。这些传统体育项目不仅源远流长，而且各具特色。它们诞生于生产劳动之中，深深植根于人类生活的需求之中，体现了不同民族之间相似的追求与理想，同时也展现了各民族地理环境和生态条件对人们生活方式的制约。因此，中华传统体育项目以其多样性和丰富性，赢得了世界的广泛赞誉和瞩目。

图 3–5　武术（1）

图 3–6　武术（2）

在我国900多个传统体育项目中，众多项目都依赖于特定的器械和器材来得以完成。这些器材种类繁多，如刀、枪、弓、箭等，它们都是在古老的生产劳动中孕育而生，并在人类文明的演进过程中不断得到改进与升华。这些运动器材和器械不仅体现了古人对运动技巧的追求，更是凝聚了历代人民的智慧与匠心，深刻反映了中华传统体育深厚的文化内涵和独特魅力。

图 3-7　拉弓射箭

例如，风筝作为中国古代的重要发明之一，不仅是世界上最早的人造飞行器物，更承载着深厚的文化底蕴，深受大众的喜爱，具有鲜明的中国特色。由于风筝在我国分布广泛，放风筝已成为一种深受大众喜爱的传统体育项目。在风筝的众多流派中，北京、天津和潍坊的风筝尤为突出。北京风筝中，金氏风筝和哈氏风筝以其独特的艺术风格闻名遐迩。金氏风筝造型雄伟，画工粗犷，展现出一种豪放不羁的韵味；而哈氏风筝则以其精巧的骨架和素朴的画工著称，流露出一种细腻而雅致的美感。天津风筝同样有独特的魅力，魏元泰和周树泰两位风筝制作大师的作品各具特色，魏元泰制作的风筝品种繁多，精巧别致，生动优美，每一款都展现出独特的艺术魅力；而周树泰则以"三百梅花竹眼硬膀蝴蝶"为代表作，他是首位将汉字融入风筝设计的大师，使风筝艺术达到了新的高度，极大地推动了风筝艺术的发展。潍坊风筝则以其种类繁多、构造精美、工艺精巧而著称。这些风筝设计独特，制作精细，既展现了中华传统工艺的魅力，又融入了现代审美元素，使得潍坊风筝在国内外享有极高的声誉。

图 3-8　风筝运动

文字的出现极大地加速了人类文化遗产的积累与传承，推动了文化的传播与演进。尽管部分传统体育项目依赖于人与人之间的口头传授和亲身实践来保持其生命力，但我们对这些体育项目的深入理解和全面认识，在很大程度上仍然依赖于各种珍贵的文献典籍。这些典籍跨越了不同的历史时期，记录了传统体育的发展历程、技法演变和文化内涵，为我们提供了宝贵的研究资料。因此，文献资料法在研究传统体育中占据了举足轻重的地位，是我们探寻和传承这一文化瑰宝的重要途径。

自古以来，关于传统体育的古代文献典籍浩如烟海，为我们提供了丰富的历史记录。例如，《周礼》中详细记载了乐舞、射箭与御马术的考核标准；《礼记·月令》则阐述了"五戎"（包括弓矢、殳、矛、戈、戟五种兵器）和"马政"（即驭马驾车的技术）。商代的《尚书·洪范》更是提出了"寿""康宁"与"考终命"的养生与长寿理念。在《战国策·齐策》中，我们得以窥见齐国临淄的繁荣与丰富，那里的人民精通各种乐器演奏，同时热衷于斗鸡、走犬、六博和蹴鞠等游戏。而《蹴鞠》25 篇,更是详尽地记录了蹴鞠的竞赛与训练方法,使我们能够一窥古代体育运动的盛况。东汉时期的李尤在《鞠城铭》中,为我们描述了蹴鞠竞赛的场地规则与要求。明代汪云程的《蹴鞠图谱》则进一步细化,详细记载了蹴鞠活动的竞赛规则、技术名称、技术要领、场地器材以及球戏术语等内容,为我们呈现了一幅完整的古代体育画卷。①

传统体育的渊源可追溯至远古的生产劳作之中,它不仅是人类生产与生活的原始印记,也是其直观且生动的体现。在文字尚未形成的时代,体育活动因其直观性和形象性,成为人们记录社会生活的重要方式。人们借助简单的线条和人物简画,生动地描绘出各种体育活动场景。从众多古代陶瓷制品及建筑壁画中,人们不难发现各民族早期传统体育活动的身影。这些珍贵的文物和壁画不仅为我们提供了早期体育活动的珍贵见证,也为我们正确还原历史提供了至关重要的依据。它们不仅是艺术的瑰宝,更是研究古代体育发展的重要历史资料。

举例来说,古代石窟中往往绘制有精美的佛教故事图,其中不乏描绘古人运用弓箭的场景,这些壁画为我们揭示了古代体育活动的片段。在敦煌古墓群的画像砖中保存着大量与弓箭文化相关的图像,这些图像不仅反映了古代社会的军事生活,也展现了体育竞技的一面。再者,河南洛阳出土的大量文物,为我们揭示了古代投掷运动的发展历程。这些文物中的投掷器具、比赛场地布局等信息,不仅帮助我们了解古代投掷运动的规则和技术,还让我们感受到古人对体育竞技的热爱与追求。

由于许多传统体育活动都是在传统节日中开展的,因此民族服饰作为服饰文化的重要组成部分,同样与体育文化紧密相连。人们在参加传统体育活动时,往往会身着盛装出席,这不仅是对节日的尊重,也是对传统文化的传承与弘扬。因此,民族服饰不仅具有独特的审美价值,还承载着丰富的文化象征意义。

① 苏航.民族传统体育文化传承创新研究[M].南昌:江西科学技术出版社,2017.

（二）中华民族传统体育项目是坚定文化自信的重要源泉

据不完全统计，中华民族传统体育项目已有上千项之多，太极拳、龙舟、气功、风筝等项目已经走出国门，成为世界文化的一部分，受到越来越多人的喜爱和关注。这些项目以其独特的魅力展现了中华民族文化的博大精深和独特魅力，也向世界传递了中华民族的文化自信和价值观。在全国少数民族传统体育运动会中被列为正式比赛项目的就有花炮、高脚竞速、马术、摔跤、龙舟、秋千等 17 个之多。这些项目各具特色，充满了浓郁的民族风情和地方色彩，展示了各民族的体育竞技水平，传承了各民族的文化传统和精神内涵，使人们能深入了解各民族的历史、文化和生活方式，进一步加深民族间的相互了解和交流。

图 3-9　秋千

图 3-10　那达慕博克手摔跤

图 3-11　龙舟

图 3-12　内蒙古马术演艺

中华民族传统体育项目是中华民族文化的重要组成部分和载体，不仅具有健身、娱乐、竞技等多重功能，更承载着丰富的文化内涵和精神价值。通过参与这些项目可以感受到中华民族文化的独特魅力和深厚底蕴，从而更加坚定文化自信，增强民族自豪感和归属感。在当今世界文化多元、交流频繁的背景下，中华民族传统体育项目更是成为我们展示文化自信、提升国家文化软实力的重要窗口。我们应该加强对这些项目的挖掘、整理、传承和创新，让它们在现代社会中焕发出新的活力和光彩。我们也应该积极推广这些项目，让更多的人推动中华民族文化的传承和发展。众多的中华民族传统体育项目是我们坚定文化自信的重要源泉，它们以独特的魅力和深厚的文化内涵展现了中华民族文化的博大精深和独特魅力。

（三）中华民族传统体育场地、器材和器械设备是坚定文化自信的重要帮手

物质文化自信是人类对各项物质生产活动及其产品集合的自信，是一种可以感知、通过物质实体展现出来的文化信念。在中华民族传统体育项目中，场地、器材和器械设备作为重要的物质载体，承载着丰富的文化内涵是，我们坚定文化自信的重要基石。在中华民族传统体育的广阔天地里，各种项目繁多，而它们中的许多都依赖于特定的器械、器材

来完成,这些器械和器材不仅仅是工具,更是中华民族物质文化的杰出代表,凝聚了各民族的智慧与心血,体现了中华民族对物质文化的追求与自信。

场地作为传统体育活动的空间载体,同样承载着丰富的文化内涵。无论是武术的练习场、龙舟的赛道,还是风筝的放飞地,每一个场地都承载着特定的历史记忆和文化情感。这些场地见证了中华民族传统体育的发展和传承,也见证了中华民族对物质文化的创造与自信。在当今世界文化多元、交流频繁的背景下,我们更应该珍视场地、器材和器械设备,加强对它们的保护和传承,也应该积极推广中华民族传统体育项目,让更多的人了解和参与,从而增强民族文化的认同感和自豪感。

(四)中华民族传统体育的文献典籍是坚定文化自信的依据

在人类文明的演进历程中,文字的创造不仅极大地促进了人与人之间的交流,更对文化的形成与发展起到了至关重要的作用。文字作为一种独特的载体,承载并传播着各种文化信息,使得文化能够穿越时空的阻隔,一代一代地传承下去。中华优秀传统体育文化作为中华民族文化的重要组成部分,正是在这样的背景下通过文字记载和传承得以延续至今。中华优秀传统体育文化深深扎根于各民族的生产、生活、祭祀礼仪等丰富多彩的活动中。这些活动既是民族文化的体现,也是民族体育文化的源头。在漫长的历史长河中,中华优秀传统体育文化通过一代又一代人的传承与学习,逐渐形成了独特的风格和特点,传承的过程中文献资料起到了至关重要的作用。在我国几千年的文化传承中大量体育项目的传承都依赖于文献资料。文献资料包括专著、论文、图谱、秘籍等,形式多样,内容丰富,共同构成了中华优秀传统体育文化自信的珍贵文献。这些宝贵的文献不仅记录了中华优秀传统体育文化的起源、发展和演变过程,还为我们提供了丰富的佐证材料,帮助我们深入了解传统体育文化的内涵和精神实质。

随着全球化的深入推进和西方文化的广泛传播,一些人开始对自己的民族文化产生怀疑,而珍贵的文献典籍为我们提供了坚定文化自信的重要依据。中华优秀传统体育文化并不是孤立无援的,而是有着深厚的历史底蕴和文化根基,我们应该珍视这些文献典籍,加强对它们的研究和利用。通过深入挖掘和整理这些文献,我们可以更好地了解和传承中华优秀传统体育文化。我们也应该加强对外宣传和交流，让更多的人了解中华优秀传统体育文化。

（五）中华民族传统体育的出土文物、壁画和民族服饰是坚定文化自信的根基

在人类尚未发明语言的远古时代，人与人之间的交流主要依赖于肢体动作，通过简单的动作，人们进行狩猎、采集和社会活动。这些原始的肢体活动是人类文明的初步体现，更为奇妙的是人类还通过简单的线条或图案将这些活动记录下来，使古时候许多体育活动才得以传承至今。这些珍贵的记录不仅展示了中华民族传统体育的悠久历史，更是我们坚定文化自信的根基。从出土的文物来看，无数图案和花纹都无声地诉说着古人的体育活动，这些文物，无论是陶器、石器还是玉器，都刻画着人奔跑、跳跃、投掷的身影，生动地再现了当时的生活场景。这些图案不仅展示了古代体育的多样性和丰富性，也体现了中华民族对体育运动的热爱和追求。

壁画作为古代人们记录生活、表达思想的重要载体，同样为我们提供了大量关于古代体育的信息。在壁画中，我们可以看到古人进行射箭、赛马、摔跤等体育活动的生动画面。这些画面不仅具有极高的艺术价值，更是我们了解古代体育文化的宝贵资料。民族服饰也是展示中华民族传统体育元素的重要载体，不同民族的服饰上往往绣有各种体育图案，如马术、摔跤、舞蹈等，图案不仅美观大方，更是各民族体育文化的独特表达。出土文物、壁画和民族服饰，都是中华优秀传统体育文化自信的根基，它们展示了中华民族传统体育的悠久历史和丰富内涵，也让我们更加坚定地相信我们的体育文化有着深厚的底蕴和独特的魅力。[①]

三、中华优秀传统体育文化蕴含的制度文化自信

（一）中华优秀传统体育的制度文化内涵

自汉武帝采纳董仲舒“罢黜百家，独尊儒术”的建议以来，儒家思想

① 倪依克．论中华民族传统体育的发展[D]．广州：华南师范大学，2004：27．

便占据了思想领域的统治地位。在这种背景下，官学中的武艺教学内容逐渐边缘化，最终几乎被完全排除。这种变化不仅塑造了“重文轻武，崇文尚柔”的学风，更在当时社会产生了深远的影响。这种风气不仅影响了士人的价值取向，也深深影响了整个社会的风气。

汉代之后，重文轻武、崇文尚柔的思想倾向愈发显著。这种风气在历史的演进中愈演愈烈，至南朝时期，国民的身体素质明显下滑。据史籍记载，当时的贵族子弟普遍呈现“肤脆骨柔，不堪行步，体羸气弱，不耐寒暑”的体态，甚至因体质虚弱而突然死亡的案例屡见不鲜。

儒家“礼乐观”深入人心，导致社会形成“重功利、轻嬉戏”的思潮，以及强调伦理教化的价值导向。在这样的背景下，体育的健康发展受到了严重制约。儒家学者对体育的态度，认为它并非成就德性、达到圣人之境的必要途径，因此应加以限制，不可任其自由发展。这种思想逐渐被极端化，人民被统治者剥夺了随意参与体育活动的权利，使得体育运动逐渐被刻上了等级性的烙印。在古代社会中，体育的每一个方面都被礼仪束缚，并被冠以“等级”的帽子。这种等级化不仅扭曲了传统体育的本来面目，也限制了其应有的社会功能和价值。北宋时期在宋明理学的进一步影响下，重文轻武、崇文尚柔的风气更是达到了顶峰。这种思想倾向不仅影响了教育的方向，也深刻改变了社会的整体风气，使得国民的体质与健康状况进一步下滑。

（二）中国不同历史时期体育体制的差异造就了丰富的体育文化

中国体育文化经历了漫长的历史变迁，不同历史时期的体育体制差异显著，但正是这种差异性造就了丰富多彩的体育文化。春秋时期战乱频发，社会制度问题困扰着人们，正是在这种动荡之中，社会的体育形式逐渐多样化，功能也逐渐丰富化。无论是为了军事训练、娱乐休闲，还是身体保健，各种体育活动如射击、御马、田猎、武舞等应运而生，成为人们生活中不可或缺的一部分。战国时期秦统一六国，封建的中央集权国家建立，体育文化又迎来了新的发展阶段。汉武帝推行独尊儒术政策，弱化武力，强化文化，导致静力性和表演性的体育项目逐渐兴起，如投壶、围棋、风筝、民间舞蹈等，成为人们生活中重要的娱乐方式。

而到了西晋至五代时期，中国古代体育迎来了空前繁荣的时期。武科举的设置、唐代审美观的丰富等因素推动了体育文化的发展，球戏、节令民俗活动等休闲体育项目达到了空前的盛况，蹴鞠、舞蹈、杂技等项目在此时期也得到了广泛的发展和传播。随着宋明理学的兴起和“八股”取士制度的实施，体育逐渐受到了影响，表演性和舞台性的体育活动日益盛行，传统的力量型体育项目逐渐式微。尽管如此，不同历史时期所形成的体育体制和文化都为中华优秀传统体育文化的丰富多元提供了坚实基础。

当下我们要继承和弘扬这些民族体育文化，坚守文化自信，通过学习和传承古代体育的精髓，更好地认识和理解自己的传统文化，同时能够丰富当代体育文化的内涵，推动体育事业的发展。

（三）新时代中华民族传统体育文化的制度体系

随着中华人民共和国的成立，对中华民族传统体育的重视逐渐成为一项重要的政策方向，各种民族体育比赛和表演活动积极举办，旨在鼓励全国各族人民积极参与体育活动，促进民族团结和健康发展。20 世纪 50 年代到 20 世纪 70 年代，由于经济、政治等种种因素的影响，民族传统体育的发展停滞不前。直到 1982 年全国少数民族传统体育运动会重新举办，为中华民族传统体育注入了新的活力和生机。这一举措不仅是对民族传统文化的保护和传承，更是意识到民族的发展与国民的健康体质息息相关。

第三节 发展优秀传统体育对增强文化自信的价值

一、发展传统优秀体育与文化自信的关系

在当今全球化时代，文化交流与传承愈发重要，已成为重要议题。在这个进程中，传统优秀体育作为一种重要的文化形式，承载着丰富的历史与民族精神，与文化自信息息相关。传统优秀体育是民族文化的重要组成部分，是一种体育活动，更是一种文化的传承和表达。通过传统优秀体育，人们能够感受到民族文化的丰富内涵，了解民族的历史与传

统。例如，中国的太极拳、踢毽子等传统优秀体育项目都承载着深厚的历史底蕴和文化内涵，是中华民族传统文化的重要代表之一。文化自信是指对自己民族文化的认同感、自豪感和自信心。通过积极发展传统优秀体育，可以让人们更加深入地了解和体验自己民族的文化，增强对民族文化的自信心。当一个民族拥有了强大的文化自信，就会更加自信地与世界各国交流互动，维护自己的文化传统和价值观念。民族精神是指一个民族在长期历史发展中形成的共同信仰、情感和价值观念，传统优秀体育往往承载着民族精神，体现出民族的团结、勇敢、坚韧等品质，激发了人们对民族精神的认同和传承。

传统优秀体育的发展可以促进国民身体素质的提高，增强国家的体育实力和竞争力，也可以弘扬民族文化，提升国家在国际舞台上的文化软实力。政府和社会应该加大对传统优秀体育的支持和推广力度，为其发展创造良好的环境和条件。只有通过不断发展和传承传统优秀体育，才能增强人们对自己文化的认同和自信，促进民族精神的传承和发展，推动国家文化软实力的提升，实现民族文化的伟大复兴。①

二、发展传统优秀体育对于提升文化自信的价值和意义

（一）历史流变中的民族精神纽带——民族文化自信的源泉

中华民族自古以来就以其坚韧不拔、自强不息的精神，书写着波澜壮阔的历史篇章。我们的民族经历了无数的挑战和考验，但始终保持着对传统文化的坚守与传承。其中中华传统优秀体育文化便是一道独特的风景线，它承载着民族精神的深厚底蕴，成为我们文化自信的重要源泉。在自给自足的小农经济时代，中华传统优秀体育文化与中国传统的农业自然经济和血缘宗法社会紧密相连，形成了独特的文化特色。武术、太极、龙舟等体育项目，既展现了中华儿女的矫健身姿和卓越技艺，又蕴含着深厚的文化底蕴和民族智慧。传统优秀体育项目不仅锻炼了人们的体魄，更在潜移默化中塑造了我们的民族性格和精神风貌。

现代体育以其科学、高效、实用的特点，迅速在中国大地上生根发

① 李莹，杨风雷．论发展民族传统体育提升文化自信的价值和策略[J]．体育文化导刊，2020（2）：1-5．

芽，成为主流体育文化，中华传统优秀体育文化逐渐失去了往日的辉煌和地位。面对西方竞技体育的强势推进和中国传统优秀体育自身的局限性，我们并没有放弃对传统文化的坚守和传承，我们更加深入地挖掘和整理中华传统优秀体育文化的精髓，努力将其与现代体育相结合，形成具有中国特色的体育文化体系。通过传承和弘扬中华传统优秀体育文化，我们可以更好地凝聚民族力量，激发民族自豪感，推动文化事业的繁荣发展，以更加开放和包容的心态，吸收和融合不同文化的优点和长处。我们也要深入挖掘和传承中华传统优秀体育文化的精髓，让其在现代社会中焕发出新的生机和活力，真正实现文化自信，推动中华民族文化的繁荣发展。

（二）世界体育文化多元化的重要支撑——民族文化自信的坚守

在浩渺的世界文化长河中，中国的传统优秀体育文化犹如一颗璀璨的明珠，熠熠生辉，承载了中华民族五千多年的文明积淀，拥有独特的魅力和深厚的底蕴，成为我们民族文化自信的重要支撑。中国的传统优秀体育文化深深植根于古代朴素哲学思想之中，体现了“天人合一”“内外兼修”的哲学理念，强调人与自然的和谐共生，追求身心的平衡与协调，这种理念不仅贯穿于体育运动的始终，更渗透于中华民族的日常生活中，成为我们民族精神的重要组成部分。

传统优秀体育作为一种特殊的身体文化，通过丰富多样的肢体运动和竞技形式，表达了各民族的思想、意识和情感。其不仅是一种运动方式，更是一种文化的传承和表达。从传统优秀体育中，我们可以看到各民族独特的审美观念、价值观念和生活方式，感受到中华文化的博大精深。传统优秀体育在塑造人的形体、培养人格精神、锤炼意志品质等方面，具有西方体育无法替代的作用。参与传统优秀体育活动，人们不仅能够锻炼身体，提高身体素质，更能够培养坚韧不拔、勇往直前的精神品质，为个人的成长和社会的进步注入强大的动力。

传统优秀体育源于农耕、游牧、战争等多种生活实践，囊括了丰富多样的运动形式。这些运动形式既锻炼了人们四肢的敏捷性、协调性和灵活性，又体现了人类与自然环境的斗争与共生。尽管在现代社会中西方竞技体育占据了主导地位，但传统优秀体育依然在很多国家产生了较大的影响力，成为人们文化生活的重要组成部分。在当今世界文化多元化的大背景下,我们应该更加珍视中国的传统优秀体育文化,深入挖掘其文化内涵和价值,推动其与现代体育的融合发展。我们也应该加强与其他国家的文化交流与合作,让世界更好地了解中国的传统优秀体育文化,增进各国人民之间的友谊。

第四节　中华民族传统体育文化自信及其生成机制

一、中华民族传统体育文化自信生成的主观条件

(一)传统文化的涵养是中华民族传统体育文化自信生成的前提条件

传统体育文化作为传统文化的一部分,承载着民族的历史、精神和智慧,对于民族文化自信的形成至关重要。传统文化是中华民族传统体育文化自信的根基。传统文化蕴含着民族的认同感和归属感,体育作为传统文化的一部分,承载着民族的团结、勇敢和坚韧的精神。通过传统体育文化,人们能够深刻感受到民族文化的魅力,培养出对自身文化的自信心态。传统文化中的各种体育项目,如龙舟、太极等,代代相传,成为民族文化的象征和标志。

传统文化中蕴含着丰富的哲学思想、道德观念和生活智慧,这些都为中华民族传统体育文化的发展提供了宝贵的精神资源。人们通过体育活动强身健体,更能够领悟到传统文化中的智慧和哲学,增强了对传统文化的认同和自信。传统文化是中华民族传统体育文化自信的源泉和动力,传统文化中蕴含着丰富的情感和情怀,激发了人们对传统体育文化的热爱和信心。正是这种对传统文化的热爱和信心,推动着中华民族传统体育文化的传承和发展,形成了民族文化自信的基础。①

① 罗雪琳.我国中华民族传统体育文化资源特征研究[D].西安:西安体育学院,2010:14.

（二）传统文化的现代性是中华民族传统体育文化自信生成的必要条件

随着社会的不断发展和文化的交流融合，传统文化在当代社会中扮演着愈发重要的角色。要实现中华民族传统体育文化自信的生成，传统文化必须与现代社会相结合。传统文化的现代性使其与当代社会相契合，传统文化需要适应新的时代背景和社会需求，传统体育文化作为传统文化的重要组成部分，也需要与现代体育运动相结合，如此才能更好地融入当代社会，并获得民众的认同和支持。传统文化的现代性为中华民族传统体育文化注入了新的活力和创新。传统体育文化在与现代社会相结合的过程中，不仅可以传承传统文化的精髓，更能够吸收现代体育的优秀元素进行创新和发展。例如，将传统武术与现代健身操相结合，创造出新颖的健身方式，既传承了传统文化，又适应了现代人的生活方式，提高了传统体育文化的吸引力和影响力。传统文化的现代性为中华民族传统体育文化赋予了更广泛的社会意义和价值。通过将传统体育文化与现代社会的发展需求相结合，可以使其在社会生活中发挥更为重要的作用，促进社会和谐、文明进步。

当传统文化与现代社会相结合，传统体育文化才能够在当代社会中得到认可和传承，激发民族文化自信的形成。现代性的传统体育文化不仅能够满足人们对传统文化的认同需求，更能够在全球化背景下展现民族文化的独特魅力和价值。传统文化的现代性是中华民族传统体育文化自信生成的必要条件，通过将传统文化与现代社会相结合，传统体育文化才能够在当代社会中焕发新的生机与活力，为民族文化自信的形成和发展注入新的动力和能量。

（三）传统文化自身的生长性是中华民族传统体育文化自信生成的基本条件

中华民族传统体育文化作为传统文化的重要组成部分，自身的生长性是中华民族传统体育文化自信生成的基本条件。传统文化具有深厚的历史积淀和文化底蕴。通过对传统体育文化的传承和弘扬，可以增强大众对民族文化的自信心和认同感，增强对传统文化的自豪感和珍视感。传统体育文化融合了民族文化的许多优秀传统元素，如传统武术、民间体育等，具有丰富的文化内涵和多样的表现形式。通过对传统体育文化的挖掘，可以为民族文化的多样性和丰富性增添新的内容和亮点，进而提升民族文化的吸引力和影响力。传统体育文化作为源远流长的文化传统，具有与时俱进的生命力和时代感。对传统体育文化的传承和创新能够使其在当代社会中焕发出新的活力和魅力，进而形成对传统文化的自信和认同，促进传统文化的传承和发展。

二、中华民族传统体育文化自信生成的客观条件

（一）增进民众对传统文化的深度自觉是生成中华民族传统体育文化自信的主体条件

中华民族传统体育文化作为传统文化的重要组成部分，自信的塑造需要建立在民众对传统文化的深度自觉之上。增进民众对传统文化的深度自觉有助于传承和弘扬传统体育文化。传统体育文化承载着民族文化的传统和精神，而民众对传统文化的深度自觉意味着对传统体育文化的认同和理解。通过深入了解和体验传统体育文化，民众能够更好地传承和弘扬其中的精髓和价值观，形成对传统体育文化的自信和认同。增进民众对传统文化的深度自觉有助于拓展传统体育文化的影响力和传播渠道。传统体育文化作为传统文化的重要组成部分，影响力需要通过民众的参与和传播才能得以扩大。当民众对传统文化有着深刻的认识和理解时，将成为传统体育文化的传播者和倡导者，通过各种渠道将传统体育文化传播给更多的人群，扩大其影响力和传播范围。

增进民众对传统文化的深度自觉有助于塑造民族文化自信心。民族文化自信是中华民族传统体育文化自信的基础，民众对传统文化的深度自觉是培养民族文化自信的重要途径。当民众对传统文化有着深刻的认同和理解时，他们将更加自豪和自信地传承和弘扬中华民族传统体育文化，增强民族文化的凝聚力和自信心。增进民众对传统文化的深度自觉有助于推动传统体育文化的创新和发展。传统体育文化需要与时俱进，与当代社会相适应。民众对传统文化的深度自觉可以为传统体育文化的创新和发展提供源源不断的动力和支持。民众对传统文化有着深刻的理解和认同时将更加乐于接受传统体育文化，为传统体育文化注入新的活力和魅力。

（二）增强不同文化模式间的交流与互动是生成中华民族传统体育文化自信的必然条件

文化交流并非单向的输送，而是一种互动的过程，不仅有我国优秀文化走出去的努力，也包括国外先进文化的引进与融合。双向互动促进了不同区域之间的文化认同，加强了文化价值认同，实现了文化的共通性和共鸣。文化交流的本质是在寻找文化的交集点和最大公约数。共同点实际上就是文化价值的认同，广纳不同文化思想的有益成分，积极向外推广并分享自己的思想和智慧。文化交流的本身能够有效化解文化自负和狭隘的思想意识，正是这种开放与包容，使得文化得以蓬勃发展，各个文明在交融中相互启迪、相互促进。

从我国传统文化的发展历程来看，文化自卑的出现实际上与文化自负有着一定的关联。中华民族曾有过辉煌的历史，将国家定位于“天朝大国”“中央之国”的地位，这种自豪感在近代史的屈辱中受到了沉重的打击。鸦片战争等历史事件让国人倍感当时物质文化、制度文化、精神文化的不足，导致了人们对本土文化的怀疑和否定，以及对西方文化的盲目推崇。随着民族危机的加剧，人们对本土文化的认同感也在逐渐增强，在新文化运动中，人们开始反思对西方文化的盲从，更加注重对本土文化的挖掘和传承，文化自信的觉醒使得中华民族传统体育文化也得以被重新审视和弘扬。要增强中华民族传统体育文化的自信，需要加强不同文化模式间的交流与互动，只有以开放包容的心态广泛吸纳和借鉴其他文化的优秀成分，才能推动中华民族传统体育文化的发展，提升其在国际舞台上的影响力和竞争力，实现中华民族文化的伟大复兴。

三、中华民族传统体育文化自信生成的价值彰显

（一）弘扬中华民族传统体育文化的精华以促进文化自信的生成，有利于增强中华民族的凝聚力和向心力

在中华民族的悠久历史和丰富人文环境中，传统体育文化以其独特的魅力和深厚的内涵成为中华文化的重要组成部分。传统体育文化，如龙舟、踢毽子、太极拳等是中华民族文化的重要组成部分。它们承载着中华民族的历史记忆和文化精神，是中华文化特征“广土众民”“偌大

民族之同化融合”“历史长久并世中莫与之比”的生动体现。这些传统体育活动不仅在历史上有着重要的地位，而且在现代社会中，它们依然具有不可替代的文化价值和教育意义。

传统体育文化不仅是一种体育活动，更是一种文化的展现。通过个体或群体的身体动作，传统体育文化展现了族群文化的历史与实践，具有强烈的仪式性特征。这些活动背后蕴含的文化内涵和叙事，是中华文化深厚底蕴和博大精深的具体体现。弘扬传统体育文化是塑造文化自信的重要途径，通过参与和体验这些传统体育活动，个体能够感受到传统文化的魅力，增强对民族文化的认同和自豪感。这种文化自信，不仅能够提升个人的自我价值感，也能够增强整个民族的凝聚力和向心力。在弘扬传统体育文化的过程中，我们不仅要传承，更要创新，通过现代科技和教育手段，将传统体育文化与现代生活相结合，让更多人了解和参与到传统体育活动中来。我们也要注重传统体育文化的创新，使其更加符合现代人的审美需求，从而吸引更多的年轻人参与其中。

（二）弘扬中华民族传统体育文化精华能够促进个体社会化，具有指导人生的重要意义

当代社会中中华民族传统体育文化的重要性日益凸显，这种文化不仅是民族精神的重要组成部分，也承载着丰富的历史和文化内涵。弘扬中华民族传统体育文化的精华对于促进个体社会化以及指导人生具有重要的意义。中华民族传统体育文化所呈现的人文主体意识和人文主体精神正是中华传统文化根本精神的集中展现。中华民族传统体育文化蕴含着丰富的文化基因和历史积淀，其叙事和表达形式展现了中华民族的传统智慧和生活方式。这种文化传承了民族的优秀传统，承载了历史的记忆和人民的情感，通过体育活动的形式将这些文化基因传承下去，在参与中华民族传统体育活动的过程中，个体不仅是在运动，更是在感受和体味民族文化的内涵，形成了对自身文化身份的认同和归属感。

人文主体意识是指个体对自身地位、价值和能力的自觉认知以及对外部世界和他人的自我认识和改造意识。在参与传统体育活动的过程中，个体不仅是在锻炼身体，更是在感受和领悟民族文化的内涵，进而形成了对自身的自我认知和对外部世界的理解。这种人文主体意识和精神的培养，有助于个体形成积极向上的人生态度和价值观，引导其

正确处理个人与社会、个人与民族之间的关系,促进了个体的社会化进程。中华民族传统体育文化所蕴含的丰富内涵和价值对个体的价值观念具有重要的影响,个体可以领悟到团结协作、勇往直前、坚韧不拔等传统美德的重要性,指导个人的人生选择和行为举止。中华民族传统体育文化所倡导的价值观念,如尊重、诚信、责任等,不仅是个体社会化过程中的道德底线,也是个体成长的重要指导原则,为个体的人生奠定了坚实的价值基础。弘扬中华民族传统体育文化的精华不仅是对传统文化的传承和发展,更对促进个体社会化具有重要的意义。中华民族传统体育文化所展现的人文主体意识和人文主体精神所蕴含的丰富内涵和价值观,都对个体的人生方向和社会行为产生着深远的影响,为个体的成长成熟提供了重要的指导和支撑。加强对中华民族传统体育文化的传承和弘扬,不仅有助于保护和传承民族文化的宝贵遗产,更能够引领个体走向更加光明和积极的人生之路。

第四章 文化自信视野下中华优秀传统体育文化的有效传承

文化是一个民族的灵魂，体育文化则是这一灵魂中活跃而富有生命力的组成部分。中华优秀传统体育文化历经千年沉淀，其不仅承载着深厚的历史底蕴，更蕴含着独特的民族智慧和精神风貌。本章将从文化自信这一宏观视角出发，深入探讨中华优秀传统体育文化的有效传承问题。通过本章的论述，我们期望能够深化对中华优秀传统体育文化价值的认识，探索其在新时代背景下的传承与发展之道，进而为推动中华文化的整体繁荣，提升国家文化软实力贡献一份绵薄之力。

第一节　传统体育文化传承理论

一、传统体育文化传承的理论依据

传统体育文化传承从哲学的角度来讲是一个多层次、多维度的概念。这种传承不仅是技艺的传递，更是文化精神、价值观念以及历史记忆的延续。传统体育作为一种文化形态，其诞生、发展和传承都深受历史、地理、社会等多方面因素的影响。这种文化形态的形成过程，实际上是一种自然选择和文化适应的过程。它承载着一个民族的历史记忆和文化基因。因此，传统体育文化传承的本质实际就是对这种历史记忆和文化基因的延续和传承。传统体育文化传承体现在其内在的逻辑性和规律性，虽然传统体育看似松弛随意，但其内在却承袭着悠久的历史血脉，蕴含着丰富的哲理和智慧。这些哲理和智慧不仅体现为技艺的精湛和独特，更体现在对人与自然、人与社会、人与人关系的深刻理解和把握上，所以传统体育文化传承的过程，实际上是对这些哲理和智慧的传承和发扬。

二、传统体育文化传承的基础

（一）自然经济基础

传统体育的基础与多种因素紧密相连，其中自然经济基础是一个核心方面。在华夏这片广袤的土地上，农耕文化深入人心，长久以来，农耕生产方式对传统体育的形成与发展产生了深远的影响。农耕社会时期人们长期定居于某一地域，从而有机会和时间发展特定的体育文化活动，这些体育活动不仅仅是简单的体育竞技运动，而是往往与祭祀、庆典等社会活动相结合，承载着人们的信仰，慢慢形成了具有多重功能的文化传统，成为民族生活中不可或缺的一部分。不过随着时代的变迁，民族聚居地区的经济逐渐由传统的自然经济向市场经济转型，这也影响了传统体育活动的发展方向和方式。在这一过程中，传统体育如何传承和发展，如何在社会变革中找到自身的生存与发展之路，成了一个亟待解决的问题。这需要人们深入研究和挖掘传统体育的文化内涵，在新的时代背景下，为其注入新的活力和创新元素，使其能够更好地适应现代社会的需求，继续为人们的身心健康和文化生活作出贡献。此外，不同民族之间的文化交流与融合，为传统体育注入了新的元素和活力，使其更加丰富多样。在这个过程中也需要注重保护和尊重各民族的文化传统，避免在交流融合中失去自身的特色。

（二）宗法血缘社会基础

在中国古代社会，血缘关系构成了社会的基本纽带，而宗法制度则是这一关系的具体体现。从原始社会的氏族制度演变而来，宗法制度影响了中国古代社会的各个方面，包括传统体育的发展。

传统体育的发展由于受到了宗法制度的影响，因此许多体育项目都是以家族为单位进行传承和发展的。例如，传统武术中的某种拳法往往被某个家族掌握和独有，不同的家族之间形成了独具特色的风格或派系。这种基于家族关系的传承方式，使得传统体育具有浓厚的家族主义色彩。

第二节　中华优秀传统体育文化传承的现状与困境分析

一、中华优秀传统体育文化传承的现状

我国民族众多，传统体育项目纷繁多样，但遗憾的是，社会各界对这些民族传统体育的关注度尚显不足，保护力度亦有待加大，致使其发展势头趋于疲软。民族传统体育的长远发展离不开社会的重视与支持。作为传统文化的瑰宝，这些体育项目既需要在发展中不断继承，也需要

在继承中寻求创新。以端午佳节赛龙舟活动为例,它既是一项承载深厚文化内涵的民俗活动,也是一项充满竞技性和观赏性的传统体育项目。尽管近年来各地纷纷加大对民族传统体育项目的保护力度,但此类项目在全国范围内尚未得到广泛而深入的推广。显然,社会各界的关注、支持与积极参与,对于民族传统体育项目的健康、持续发展具有举足轻重的推动作用。

不过,在传承中华优秀传统体育文化的过程中,创新实践不断涌现,为传统与现代的结合开辟了新的道路。一方面,传统体育项目与现代科技手段相结合,为文化传承注入了新的活力。例如,利用虚拟现实技术重现古代体育场景,让观众身临其境地感受传统文化的魅力;通过大数据分析运动员的训练数据和比赛成绩,为科学训练提供有力支持。这些现代科技手段的运用,不仅提升了传统体育文化的传播效果,也为其创新发展提供了可能。另一方面,传统体育文化与现代生活方式相结合,为其赋予了新的时代内涵。例如,将传统体育项目与健身、休闲等现代生活方式相结合,创造出独具特色的体育文化产品;将传统体育文化元素融入现代设计之中,打造出具有民族特色的文化品牌。这些创新实践不仅让传统体育文化焕发出新的生机与活力,也为其在现代社会中找到了新的生存空间和发展方向。

二、中华优秀传统体育文化传承面临的困境

(一)生存基础的消失

中华民族传统体育文化作为一种历史悠久的文化形态,其生存与发展往往与特定的历史环境、社会条件和民族习俗紧密相连。但随着现代生产方式的转变,传统体育活动原本所承载的生产意义在现代社会中已经逐渐被淡化。生存基础的消失成了中华民族传统体育文化传承面临的重要困境之一。为了保护和传承这些宝贵的文化遗产,需要深入研究其历史渊源和文化内涵,探索与现代生活相结合的传承方式,让传统体育文化在现代社会中焕发出新的活力。

（二）社会认知度不足

当前，中华优秀传统体育文化在社会中的认知度仍然较低。大众对于传统体育文化的了解往往停留在表面，缺乏深入的认识和理解。这主要源于现代社会信息繁杂，人们往往更关注流行文化和快餐文化，对于需要深入研究和体验的传统体育文化缺乏兴趣和耐心。此外，一些人对传统体育文化的认识存在误区，认为其过时、落后，与现代生活脱节。这种观念的存在进一步阻碍了传统体育文化在社会中的传播和普及。

（三）传承人才匮乏

传承人才是中华优秀传统体育文化得以延续和发展的关键。然而，目前传承人才匮乏的问题日益突出。一方面，由于传统体育文化在传承过程中往往依赖于口传心授的方式，需要长时间的实践和经验积累，这使得传承人才的培养周期较长，难度较大。另一方面，现代社会生活节奏加快，年轻人往往更倾向于选择能够快速获得经济效益的职业，对于需要付出大量时间和精力学习和传承的传统体育文化缺乏兴趣和动力。

（四）侵权行为的侵袭

中华民族传统体育文化传承面临着多方面的困境，其中侵权行为的侵袭是一个尤为突出的问题。这种侵权行为不仅损害了传统体育文化的知识产权和名誉权，还阻碍了其正常的传承与发展。

就“少林”这一例子而言，作为中国传统武术的代表之一，其深厚的文化底蕴和广泛的影响力使其成为商标抢注的热门对象。众多企业为追求商业利益，纷纷注册并使用与“少林”相关的商标，这不仅导致了商标权的混乱，也削弱了“少林”品牌的独特性和价值。更为严重的是，一些国际企业也争相抢注“少林”或“少林寺”的商标权，他们利用这些商标在国际市场上获取巨大的商业利润，进一步加剧了侵权行为的严重性。这种侵权行为削弱了传统体育文化的影响力，使得原本应该受到尊重和保护的传统文化逐渐失去了其应有的地位和价值，同时也阻碍了传统体育文化的创新与发展。

(五)外来文化的冲击

随着全球化的推进,人们目睹了各国传统文化的交融与碰撞,韩国的跆拳道、印度的瑜伽、日本的剑道以及西方的跑酷等体育项目纷纷走进我们的生活,吸引了大量关注与参与者。在这样的文化浪潮中,我们不禁要问:中国的传统体育为何在大众视野中逐渐淡出?

中国武术尽管经过了一系列的现代化改良,但在全球范围内的推广和影响力仍显不足,武术所蕴含的深厚文化内涵和独特技艺魅力,未能充分展现在世界舞台上,这无疑是一个遗憾。中国式摔跤这项代表中国人对抗技艺智慧的体育项目,如今在华夏大地上也已近乎消失。面对这样的现状,我们需要深刻反思。作为中国人,我们应该如何更好地传承和弘扬自己的传统体育文化?这不仅是一个文化问题,更是一个关乎民族自信和国家形象的重要议题。我们需要从制度、教育、宣传等多方面入手,加强传统体育文化的保护和传承工作,让其在现代社会中焕发出新的生机和活力。

第三节 文化自信视野下中华优秀传统体育文化的传承路径

一、深入挖掘中华优秀传统体育文化的内在价值

在全球化浪潮的推动下,文化自信成为国家与民族发展的核心支柱。中华优秀传统体育文化,作为中华民族悠久历史与灿烂文化的璀璨明珠,不仅承载了深厚的民族记忆,更是展现国家文化软实力的重要窗口。例如,武术中的"以柔克刚""以德为先"等理念,既是一种技艺的展现,也蕴含着深厚的哲学思想和道德规范。因此,在文化自信视野下,深入挖掘并传承中华优秀传统体育文化,显得尤为重要。

二、注重中华优秀传统体育文化的创新发展

中华优秀传统体育文化的创新发展是传承与创新的有机结合，其核心在于对传统体育项目的改良和丰富，即在保持传统文化特色的基础上注入现代元素，以更好地适应现代社会的需求和审美变化。以武术为例，可以结合现代运动理念，创造出更加具有挑战性和观赏性的竞赛形式，如引入现代搏击技巧，或者设计更具观赏性的比赛规则，让武术比赛更具吸引力。

在数字化、网络化时代背景下，利用现代科技手段推动传统体育文化的创新发展也是非常有用的，如可以利用新媒体、社交平台等现代科技工具，对传统体育文化进行数字化处理和网络化传播；通过制作高质量的纪录片、短视频、网络直播等内容，让更多的人了解和学习传统体育文化，扩大其影响力和受众范围；通过开发基于传统体育文化的互动游戏、虚拟现实体验等新型娱乐形式，让人们在游戏中感受传统文化的魅力，从而增强文化自信。

三、加强中华优秀传统体育文化的教育普及

学校是文化传承的重要阵地，承载着培养新时代人才、传承优秀文化的重任，将中华优秀传统体育文化纳入教育体系，是加强体育教育普及的首要任务。具体可以通过开设相关课程，如武术、太极拳、龙舟等，让学生在学习技能的同时，深入了解中华优秀传统体育文化的内涵和精神，从而提高学生的身体素质，培养他们的民族精神和爱国情怀。在加强中华优秀传统体育文化教育普及的过程中，需要注重教育的针对性，即为不同年龄段的学生制订不同的教育方案和教学计划，确保教育内容的科学性和合理性。当然，家庭和社会也是传承中华优秀传统体育文化的重要力量，家长应该鼓励孩子参与传统体育活动，培养他们的兴趣和爱好；社会各界也应该积极支持传统文化的传承和发展，为青少年提供更多的学习和实践机会。

四、铸就中华优秀传统体育文化品牌，谱写民族体育事业发展的新篇章

文化软实力的提升，离不开文化品牌的精心构建，特别是在当前全球化的背景下，塑造独特的传统体育文化品牌，对于推动中华优秀传统体育的传承与发展、融合与创新具有举足轻重的意义。

从供给端审视，各民族所孕育的丰富多样的传统体育项目，为传统体育事业的持续发展提供了坚实的基石。这些体育项目不仅承载着深厚的文化底蕴，还蕴含着独特的民族智慧和技艺。而从需求端来看，随着民众生活水平的提高，对健康生活的追求也日益强烈。然而，与西方国家相比，我们在传统体育文化品牌建设上仍有较大的差距。为了满足广大民众对健康文化的需求，我们必须加快步伐，构建具有中国特色的民族传统体育文化品牌，充分利用民族传统体育文化品牌的力量，打好民族传统体育事业发展的“组合拳”。这包括深入挖掘和整理各民族传统体育项目，加强品牌策划和推广，提升品牌知名度和影响力；同时还需注重传统与现代相结合，融合创新元素，让传统体育文化焕发新的生机与活力。只有这样，才能在全球化的浪潮中让民族传统体育文化独树一帜，为民族体育事业谱写新的辉煌篇章。

五、完善中华优秀传统体育文化传承人才培养机制

传承人才是中华优秀传统体育文化得以延续和发展的关键，应完善传承人才培养机制，为传统体育文化的传承提供有力保障。比如，可以制订专门的传承人才培养计划，通过选拔优秀青年进行专业培训，培养一批既懂传统体育文化又具备现代传播技能的复合型人才；也要鼓励跨界合作，将传统体育文化与现代科技、教育、旅游等产业相结合，打造具有特色的文化品牌。通过跨界合作，不仅可以为传统体育文化注入新的活力，还可以为传承人才提供更多的就业机会和发展空间。

六、发挥政府和社会组织在传承中华优秀传统体育文化方面的积极作用

政府作为文化传承的重要推动者，在传承中华优秀传统体育文化方面有着义不容辞的责任，政府可以出台相关政策，明确传统体育文化的

重要地位，为其发展提供政策保障，如设立专项资金，扶持传统体育文化项目的研发、推广和普及，对在传承和创新中作出突出贡献的单位和个人给予表彰和奖励，激发全社会的参与热情；政府应该加强传统体育文化人才的培养和引进，通过制订专门的人才培养计划，鼓励高校和研究机构开设相关课程，培养具备专业知识和实践能力的传统体育文化人才；政府应积极引进国内外优秀的传统体育文化人才，为传统体育文化的发展注入新的活力；政府还可以加强传统体育文化的基础设施建设，如建设传统体育文化博物馆、展览馆等，为公众提供学习和了解传统体育文化的场所；政府应加强传统体育项目的场地建设，为项目的开展提供物质保障。

而社会组织在传承中华优秀传统体育文化方面也有着不可或缺的作用。社会组织可以发挥桥梁与纽带作用，搭建传统体育文化与现代社会的交流平台。通过举办各种传统文化活动、比赛和展览，吸引更多的人关注和参与传统体育；可以利用现代媒体和网络平台，广泛宣传传统体育文化的魅力和价值，扩大其社会影响力；社会组织还可以积极寻求与企业的合作，共同推动传统体育文化的发展，如与企业合作开发传统体育文化产品，将传统元素与现代设计相结合，打造出具有独特魅力的文化产品，或者与企业共同举办传统文化活动，实现文化与经济的双赢。

七、将中华优秀传统体育文化与现代生活进行融合

在全球化的今天，文化自信的培育与弘扬显得尤为关键。作为中华民族文化的瑰宝，中华优秀传统体育文化在传承中需要不断创新，特别是要注重与现代生活的融合，以更好地满足现代人的审美和生活需求。

中华优秀传统体育文化与现代生活的融合，不仅意味着文化形式的创新，更代表着文化内涵的现代化表达。通过将中华优秀传统体育文化项目与现代健身理念相结合，我们可以推出更多具有特色的健身课程，让中华优秀传统体育文化在现代社会中焕发新的活力。比如，太极拳、八段锦等传统的养生体育项目，可以结合现代科学的健身理念，设计成适合现代人的健身课程，既弘扬了传统文化，又满足了现代人的健康需求。

将中华优秀传统体育文化元素融入现代文艺创作和产品设计中，也是实现文化融合的有效途径。例如，将中华优秀传统体育项目的动作、服饰、器械等元素融入现代舞蹈、绘画、雕塑等艺术创作中，可以创造出

具有独特魅力的艺术作品；同时，将这些元素融入现代产品设计中，如服装、饰品、家居用品等，可以打造出具有传统文化特色的文化产品，满足现代人的审美需求。

在融合的过程中还需要注重创新传播方式，可以利用现代科技手段，如互联网、新媒体等，让中华优秀传统体育文化以更加生动、直观的形式呈现给公众。可以利用社交媒体等平台，加强与中华优秀传统体育爱好者的互动和交流，形成线上线下相结合的文化传播体系。

通过注重中华优秀传统体育文化与现代生活的融合，不仅可以使这一文化瑰宝在现代社会中焕发新的活力，更能推动其传承与创新，为构建文化自信、实现中华民族伟大复兴的中国梦贡献力量，也有助于促进国际社会对中华文化的了解和认同，提升我国的文化软实力。

在追求文化自信的道路上，每一个中国人都有责任和义务去传承和弘扬中华优秀传统体育文化。通过不断创新和融合来让这一文化瑰宝在新时代焕发出更加绚丽的光彩，为中华民族的伟大复兴贡献力量。

第四节　文化自信视野下中华体育精神传承研究

一、文化自信对中华体育精神传承的促进作用

（一）文化自信为中华体育精神的传承提供了坚实的思想基础

文化自信强调对本民族文化的认同和尊重，这促使人们更加珍视和进一步传承中华体育精神中的优秀元素。在文化自信的氛围下，人们更加自觉地学习和弘扬团结协作、拼搏进取、自强不息等中华体育精神，使其成为推动社会进步和个人成长的重要力量。

（二）文化自信为中华体育精神的创新发展提供了动力

在文化自信的推动下，人们更加敢于探索和创新，将中华体育精神

与现代体育理念相结合,创造出具有时代特色的体育文化和体育活动。这不仅丰富了中华体育精神的内涵,也使其更加符合现代社会的需求,从而实现了中华体育精神的传承与创新。

二、在文化自信的大背景下,中华体育精神传承的时代价值

(一)强化个人文化认同,培育良好的文化素质

近几十年来,中华体育界涌现出众多具有鲜明代表性、充满感人故事的人物和英雄事迹,这些成为增强个人文化认同感的珍贵精神食粮。无论是荣国团那振聋发聩的“人生难得几回搏,此时不搏更待何时!”的呐喊,还是容志行即便受伤也毅然上场的拼搏精神,他们所展现的中华体育精神,不仅激励着一代又一代的体育健儿在赛场上奋力拼搏,更在无形中极大地鼓舞了全国人民的爱国热情和建设国家的信心。这些代表人物和英雄事迹的涌现,正是中华民族先进思想文化的生动体现和有力证明。它们触动着人们内心深处的情感共鸣,引导人们通过这些真实、鲜活的人物和事迹,深入思考本民族的思想文化内涵,感受其带来的强大震撼和力量,从而在潜移默化中增强个人的文化认同感和归属感,这不仅是对个人文化素质的培养,更是对中华优秀传统文化的传承与弘扬。

在当下中国社会,改革开放不断深化,社会主义市场经济体制日趋成熟,各种社会思潮纷繁交织,导致我国文化环境日益复杂多变。在这样的背景下,人们的文化信仰面临不同程度的挑战,文化素质也呈现下降趋势,一些人对我国优秀的传统文化逐渐淡漠,难以准确辨识与区分先进文化与落后腐朽文化,甚至出现了盲目追崇外来文化的现象,如“哈韩”文化、过度庆祝西方节日等。然而,中华体育精神始终坚守马克思主义的指导地位,深刻体现了爱国主义、集体主义以及自强不息等中华民族精神的核心要义。在多元文化冲突中,它能为人们提供明确的指引,帮助人们作出正确的文化选择和判断,从而稳固个人的文化信仰,助力国家牢牢占据意识形态领域的制高点。

作为一种社会主义先进文化的代表,通过学习、传承中华体育精神,能够提升个人的文化素质,培养人们积极向上的精神风貌和健康的生活

方式。中华体育健儿在竞技场上展现出中华民族的精神风貌，将中华体育精神的精髓传递给广大民众，引导人们追求真善美，激发国人的爱国情怀和行动动力。这不仅要求我们将中华体育精神的精髓铭记于心，更要将其外化为行动，成为我们日常生活中的一部分。

（二）营造公平正义的社会文化氛围

社会的发展离不开以公平正义的文化氛围作为基石，利用体育领域的精神资源，特别是大力传承中华体育精神，对于营造和维护这种氛围具有不可忽视的作用。中华体育精神蕴含着深厚的公平正义精神价值，它如同社会的一面明镜，能够照亮我们追求公正与平等的道路。通过传承这一精神，我们能够更好地建设全社会的精神家园，确保每个人都能在一个公平、正义的环境中茁壮成长。

公平正义不仅是一种价值观，更是代表着一种先进的文化理念。在体育竞赛的激烈角逐中，中华体育健儿始终坚守这一核心价值，将公平正义融入每一个动作、每一次决策之中，对营造公平正义的社会文化氛围起到了巨大的推动作用。他们不仅努力维护公正、公平的竞赛规则和环境，更以身作则，自觉做到尊重裁判的权威、尊重对手的实力、尊重观众的期待。中华体育健儿用实际行动诠释了公平正义的深刻内涵，为构建和谐社会提供了坚实的文化支撑。例如，在 1978 年亚运会女子 4×100 米接力决赛的紧张氛围中，中国接力队在第四棒交接时因违规而面临争议，在裁判尚未察觉的情况下，他们毅然决然地主动让出了第三名的荣誉，这一举动充分彰显了中华体育健儿维护公平正义的崇高品质。无论是在国内还是国际赛场上，中华体育健儿始终秉持着高尚的道德情操和公平正义的比赛作风，向全世界展现了中华儿女优秀的素质和形象。他们的行为受到了各参赛队伍的一致好评，也使他们成为中国社会的楷模，为现实社会中促进和实现公平正义提供了宝贵的价值参考。中华体育健儿用实际行动诠释了什么是真正的体育精神，他们不仅是赛场上的佼佼者，更是道德和品格的典范。

三、文化自信视野下中华体育精神传承的策略研究

（一）融合民族传统体育项目，挖掘中华体育精神的深厚文化底蕴，强化传承力度

中国传统体育文化，如同一条源远流长的文化长河，承载着丰富的民族特色和独特的东方魅力。这一文化的繁荣与中华优秀传统文化的演进紧密相连，共同孕育出独具特色的中华体育精神。在体育精神前冠以“中华”二字，正是因其深深植根于中华民族的思想和价值观之中，是中华文化的瑰宝。但是随着科技的飞速发展，特别是现代工业文明与体育商业化和职业化的交织，以及体育协会的改革，体育文化在某些方面出现了异化现象。无论是近代体育还是现代体育，都或多或少地受到急功近利思想的影响。中华体育精神作为中华民族精神文化和观念文化的体现，其形成和发展与中华优秀传统文化紧密相连，因此我们不能忽视其深厚的传统文化底蕴。

为了传承和弘扬这一宝贵的精神财富，必须深度挖掘中华体育精神的传统文化底蕴，紧密结合我国民族传统体育项目，如舞龙舞狮、围棋、象棋和武术等，这些项目不仅具有鲜明的民族特色，还蕴含着丰富的文化内涵。例如“知行合一”“天人合一”“和合大同”等思想，都是这些体育项目背后所蕴含的深厚文化底蕴，同时也是中华体育精神的重要组成部分。通过挖掘这些具有民族特色的体育项目背后的文化思想，可以进一步丰富中华体育精神的内涵，使其在现代社会中焕发出新的生机与活力。

（二）创新传承方式，拓展传承渠道

在 21 世纪这个信息高速发展的时代，需要充分利用大众传媒的广泛影响力和独特优势，以创新的方式传承和弘扬中华体育精神。

1. 借助大众传媒力量，深化中华体育精神的传承

（1）应发挥传统纸媒的作用，如编撰《中华体育精神》系列读本，系

统梳理和全面阐述其来源、发展及内涵，在《中国体育报》等权威报刊上定期刊登展现中华体育精神的故事和案例，以文字的力量感染读者。

（2）电视、电影等视听媒介亦是传承中华体育精神的重要渠道，可以将中国女排等队伍的奋斗历程制作成电影、纪录片，在健身场馆、社区等公共区域定期播放，既激励人们参与体育锻炼，又让中华体育精神深入人心。

（3）应针对不同受众群体创新传承方式，对于学生群体，特别是中小学生，可以在文化课和体育课中增加中华体育精神的讲解和讨论，鼓励他们搜集资料、展开讨论，以互动的形式深化对中华体育精神的理解。对于体育行业从业者，应定期开展专题学习，促进对中华体育精神的系统掌握和深入理解。对于非体育行业从业者，则可以利用互联网、社交媒体等新媒体平台，如抖音、快手等，发布和分享展现中华体育精神的短视频和故事，扩大其影响力和传播范围。

通过紧跟时代潮流，不断创新传承策略和手段，期望中华体育精神能在更广泛的社会群体中得以传承和弘扬，为社会注入更多的正能量和动力。

2. 挖掘体育明星的宣传潜力

为深入传承中华体育精神，应充分利用体育明星，特别是奥运冠军的广泛影响力和强大感召力。他们作为中华体育文化的杰出代表和中华体育精神的传承者，是激励人心的榜样。通过邀请奥运冠军走进企事业单位，开展宣讲、分享他们的奋斗历程和成功经验，可以发挥他们的引领效应，激发更多人的奋斗热情。郎平、王义夫、邓亚萍、苏炳添、谢震业等体育明星的奋斗历程和精神品质是中华体育精神的具体体现。他们通过不懈努力，在各自的领域取得了卓越的成就，不仅为中国体育赢得了荣誉，也为社会树立了积极向上的榜样。那些默默奉献的教练员、随队人员等无名英雄，同样也是中华体育精神传承的重要力量。企事业单位邀请这些体育明星进行宣讲，不仅可以让员工学习他们的精神品质，提升个人素养，还可以增强团队凝聚力和向心力。同时，通过他们的分享，社会大众可以更加深入地了解中华体育精神的核心内涵，增强文化认同感，共同为构建更加公正、和谐的社会贡献力量。

（三）在提升中国体育国际影响力中实现有效传承

在全球化背景下，需积极搭建体育文化交流平台，以《体育强国建设纲要》为指导，不断拓展对外传播渠道，增强与国际体育组织的合作与交流，从而在国际体育事务中提升我国的影响力和话语权。比如，可以充分利用孔子学院等已有平台，宣传和推广我国的体育文化，特别是武术项目，其在国际上已有广泛影响力，通过展示武术的技艺魅力和背后蕴含的精神品质，能够逐步构建一个具有竞争优势的体育文化对外传播平台。还应积极融入"一带一路"倡议、上海合作组织及"金砖国家"等国际合作机制，深化体育文化领域的国际合作与交流，推动中外文化的相互借鉴与融合，促进民心相通。在此过程中，既要注重政府间的交流活动，也要鼓励民间交流，发展体育旅游，强化与其他国家的体育旅游合作。

基于我国已成功举办的北京奥运会和残奥会，我国拥有了一批能够充分展示我国体育文化的"世界自然遗产"和"文化自然双重遗产"，因此应进一步加大体育文化遗产保护力度，切实保护好这些宝贵的文化遗产，为世界体育文化交流增添更多中国元素。

第五节　文化自信视野下中国传统武术文化的传承

在全球化的今天，文化自信成为国家发展的重要支撑，武术文化的传承与弘扬也显得尤为重要。接下来将从文化自信的视角出发，探讨中国传统武术文化的传承问题，以期为推动武术文化的传承与发展提供理论支持和实践指导。

一、武术文化传承的现状与挑战

中国传统武术文化作为中华民族文化的瑰宝，承载着深厚的民族精神与价值观。然而，在现代社会的快速发展中，武术文化的传承正面临着前所未有的挑战。

（一）现代生活方式的转变对武术文化的传承造成了显著影响

随着科技的进步和全球化浪潮的推进，人们的生活节奏日益加快，娱乐方式也日趋多元化。这使得年轻一代对武术文化的认知度和兴趣逐渐降低。许多年轻人更倾向于追求现代化的娱乐方式，如电子游戏、社交媒体等，而对传统武术的学习与实践缺乏兴趣。

（二）武术文化的传承方式单一，缺乏创新

传统的武术传承方式往往依赖于师徒制或家族传承，这种方式虽然有其独特之处，但难以适应现代社会的发展需求。现代社会的教育体制和文化环境已经发生了深刻变化，需要更加灵活和创新的传承方式来吸引年轻人。

（三）国际文化交流的增多也带来了外来文化的冲击

在全球化的背景下，各种外来文化不断涌入中国，对本土文化造成了冲击。这使得武术文化在国际舞台上的竞争力受到挑战。如何在保持武术文化特色的同时，吸收外来文化的优点，提升其在国际上的影响力，是当前武术文化传承面临的重要问题。

现代生活方式的转变、传承方式的单一以及国际文化交流的冲击，是当前中国传统武术文化传承面临的主要挑战。为了有效应对这些挑战，我们需要从多个方面入手来推动武术文化的传承与发展。

二、文化自信视野下传统武术文化传承与发展的策略

（一）重拾中国传统武术的技击本性

中国传统武术，原本根植于徒手技击的艺术之中，但是在其现代定义中，“技击”元素却鲜有提及，这实际上映射出武术长期面临的“非技击化”趋势，逐步滑向“艺术化”和“体操化”的轨道，这在一定程度上解释了为何大众健身气功、太极表演等形式广受欢迎。实际上，“技击性”是中国传统武术的本质特征。中华人民共和国成立后，相关政策对于“非技击化”的导向给传统武术的传承带来了挑战。技击作为中国传统武术的灵魂，其地位是任何形式的表演和养生方法所无法比拟的。要深入理解中国传统武术的历史脉络和本质特征，必须重新挖掘并强调其技击的核心价值，恢复其作为实战技艺的本质。

中国传统武术的原始目的，旨在追求身心的和谐与健康。五禽戏，作为武术的早期表现形式之一，通过模仿虎、鹿、熊、猿、鸟五种动物的姿态，达到预防疾病、增强体质的目的。但是随着战争频发，具有实战意义的踢、打、摔等动作技巧被有意识地融入武术之中，使其不仅具有健身养生的功能，更凸显了其实战应用的价值。为了有效解决中国传统武术文化的传承问题，需要重新关注并强化其技击的本质，承认并恢复其作为实战技艺的重要地位。

中国传统武术的实战技法，历经岁月的沉淀与积累，已具有丰富多样的实战功能。从更深层次看，这种武术不仅仅是技击术的体现，更是多元文化在武术领域的升华与融合。技术传承与文化传承在中国传统武术中形成了互为支撑、相互促进的整体。技术作为载体，承载着深厚的武术文化内涵；而文化则通过技术的传播与展示，进一步弘扬了中国传统武术的精髓。因此，我们不应忽视或排斥中国传统武术的实战性和实用性，相反，在传承与保护这一宝贵文化遗产的过程中，我们更应回归其技击本质，深入挖掘并传承其深厚的文化内涵。

（二）坚持“以人为本”，进行活态传承

传统武术作为一种独特的身体文化形态，其深厚的文化内涵需要通过外在的身体姿态和内在的气韵来表达，而这些都离不开“人”这一核心载体。为了有效地进行活态传承，需要重视传承人的培养，应该多选拔具有潜力和热情的年轻人，通过系统的教育和培训，使他们掌握传统武术的技艺和文化内涵，成为合格的传承人。同时也需要为传承人提供良好的传承环境和条件，包括资金支持、政策扶持等，以激发他们的积极性和创造力。活态传承还需要注重传统武术文化的历史性、地域性、民族性与时代性的保持。在传承过程中既要尊重传统武术的原始形态和特色，也要关注其与现代社会的融合。通过不断的创新和实践，使传统武术文化在现代社会中焕发出新的光彩。①

坚持“以人为本”，进行活态传承，是传统武术文化保护与发展的重要途径，通过培养传承人、注重文化传承的连续性和动态性、保持传统武术文化的特色与时代性，可以使传统武术文化在现代社会中更容易得以延续和发展，从而为中华民族文化的繁荣作出贡献。

（三）发挥政府的主导力量

政府部门应加强对中国传统武术文化传承与保护的法律法规建设，确保武术文化的传承和发展有法可依。针对可能存在的“打假事件”等违法行为，应完善相应的法律法规，并加大监管力度，保障武术文化传承人的合法权益。政府还应制定具体的保护政策，明确武术文化传承的目标、原则和措施，通过政策引导，鼓励和支持武术文化的传承和发展，并加强对武术文化市场的监管，打击非法经营和侵权行为，保护武术文化的健康发展，为武术文化的传承创造良好的社会环境。

（四）发挥社会力量的作用

积极筹集资金，建立中国传统武术民间社团、文化馆等，为武术文化

① 石文颜.“非遗”视角下传统武术传承与发展研究[J].武术研究，2020，5(03)：16-18+23.

的传承提供平台和资源，通过民间社团和文化馆的活动，推广和普及武术文化，促进公众对武术文化的认识和了解。通过学校、社会组织和媒体等渠道，加强对武术文化的教育与宣传也是不错的方法。比如，开设武术文化课程，举办武术文化交流活动，注重武术文化的传播和普及，让更多人了解和喜爱武术文化，从而提高公众对武术的兴趣和参与度。

第五章 文化自信视野下中华优秀传统体育非物质文化遗产保护研究

在全球化和现代化的背景下，文化自信作为国家发展的内在驱动力，其重要性日益凸显。中华优秀传统体育文化是中华民族的文化精髓，其非物质文化遗产（Non-Material Cultural Heritage，简称NMCH）的保护，不仅关系着文化的延续与创新，更是提升民族文化自信的关键环节。本章将聚焦文化自信视角，对中华优秀传统体育的非物质文化遗产保护进行深入剖析，旨在揭示其在增强文化自信中的核心价值，并探求更为高效的保护策略。这不仅有助于增强民族文化自信，更能为文化的繁荣与发展提供有力的智力支持和动力源泉，共同推动中华文化的全球传播与影响力的提升。

第一节　保护非物质文化遗产对增强文化自信的意义

在全球化背景下，文化多样性和文化自信成为各国发展的重要支撑。作为拥有五千年文明史的国家，中华民族的非物质文化遗产是我们的文化瑰宝，是民族精神的重要载体。保护非物质文化遗产不仅是对历史的尊重，更是对民族精神的传承和弘扬，对于增强文化自信具有深远的意义。本节将从多个维度探讨保护非物质文化遗产对增强文化自信的重要性，以期引起全社会对非物质文化遗产保护工作的关注和重视。

一、文化遗产

文化遗产是人类历史长河中积累的宝贵财富，它涵盖了有形与无形两种形式。

物质文化遗产是那些经过世代传承，具有显著历史、文化、科教和审美价值的独特或重要物质实体，它们包括古老的民居建筑、精湛的工艺建造、历史的碑刻记载、实用的生活设施、传统的劳作工具、精美的艺术器皿以及多彩的民族服饰等。

而非物质文化遗产则是以非物质形态存在的、与人们日常生活紧密相连的、世代相传的传统文化表达形式。它涵盖了丰富的口头传统文化、精彩的传统表演艺术、独特的民俗活动和礼仪节庆、关于自然和宇宙的民间传统知识与实践，以及精湛的传统手工艺技能等。此外，还包括与这些传统文化表现形式密切相关的文化空间，这些空间不仅是文化的载体，更是文化得以传承和弘扬的土壤。

两种形式的文化遗产共同构成了人类文化的多元性和丰富性，是我们理解过去、认识现在、展望未来的重要桥梁。

二、关于非物质文化遗产内涵的深入探讨

在刘壮的著作《非物质文化遗产概念的比较与解读》中，他明确指出，非物质文化遗产这一术语源于国外，而将其引入国内研究时，需要在多个维度上进行语境的适配与对接。“非物质文化遗产”这一概念的起源可以在丰富的文献中追溯其踪迹。向云驹通过详尽的资料梳理，从民间文学、民间创作、民间文化等多个层面，深入剖析了该概念从初步形成到逐步完善的演变过程。

吕建昌在《非物质文化遗产概念的国际认同》一书中进一步指出，非物质文化遗产的概念实际上是对文化遗产概念的扩展，特别是向非物质层面的延伸。他结合社会背景进行深入分析，认为非物质文化遗产概念的提出与全球范围内对传统文化的日益重视紧密相关。这种全球性的关注催生了“宣布人类口头和非物质遗产”项目的诞生。该项目不仅极大地推动了非物质文化遗产概念的普及，也为其在国际舞台上赢得了更广泛的认同。

三、非物质文化遗产的价值

（一）非物质文化遗产是民族精神的传承和延续

非物质文化遗产是历史长河中民族智慧的结晶，它们如同一部部生动的历史长卷，记录着民族的成长、变迁和发展。其中的每一项技艺以及每一个传统都蕴含着深厚的民族情感和文化记忆。它们以独特的方式，传承着民族的精神和价值观。这些非物质文化遗产项目，如同一扇扇打开的窗户，让人们能够窥见过去的生活场景，了解民族的历史发展、文化传承和社会变迁，感受民族文化的独特魅力和精神内涵。

（二）非物质文化遗产是文化创新的重要源泉

非物质文化遗产中蕴含着丰富的艺术元素，现代艺术家们可以从非物质文化遗产中汲取灵感，将其与现代审美观念相结合，创作出具有独

特魅力的文化作品。非物质文化遗产的保护和传承需要与时俱进，不断创新发展，人们需要在保持其传统特色的基础上，探索新的传承方式和表现形式，让非物质文化遗产在现代社会中焕发新的生机和活力。

（三）非物质文化遗产具有重要的社会价值和教育意义

非物质文化遗产中的价值观念和审美情趣等，能够对人们的道德修养和精神风貌产生着积极的影响。通过参与非物质文化遗产的传承活动，可以增进人们对民族文化的了解和认同，增强民族自豪感和自信心。

非物质文化遗产的价值是多方面的，它不仅是民族精神的传承和延续，更是文化创新的重要源泉。我们应该充分认识到非物质文化遗产的重要性，加强对其保护和传承，让这一独特的文化现象在现代社会中继续发扬光大。

四、关于非物质文化遗产传承与保护的探讨

尽管我国拥有丰富多彩的非物质文化遗产，但当前非物质文化遗产的保护现状却呈现出严峻态势。由于保护措施的不足，部分非物质文化遗产项目正面临着流失与消亡的威胁。针对这一现状，我国学者展开了深入的分析与研究，并提出了诸多富有建设性的建议与策略。

在最新研究中，白晋湘教授针对 2020 年至 21 世纪中叶这一时间节点，深入探讨了我国体育非物质文化遗产保护的新使命。他提出，在构建中国特色社会主义的新时代背景下，体育非物质文化遗产的保护应形成一套完整的治理体系，确保政府与民众等参与主体的治理能力实现现代化。[①] 这一体系不仅能够有效保护体育非物质文化遗产，更将成为我国迈向富强、民主、文明、和谐、美丽的社会主义现代化强国的重要标志之一。

何星亮深入研究了全球化背景下非物质文化遗产的保护措施，并提出了一系列建议。他强调，应广泛宣传非物质文化遗产的相关知识，以

① 孙群群，白晋湘，吴湘军，等．后精准扶贫时代我国体育非物质文化遗产的活态传承路径研究 [C]// 中国体育科学学会．第十二届全国体育科学大会论文摘要汇编——专题报告（武术与民族传统体育分会）．黔南民族师范学院；吉首大学体育科学学院，2022：3.

培养和增强社会大众自觉保护非物质文化遗产的意识。在非物质文化遗产保护过程中，需要制订周密的规划，确保保护工作有序进行，政府也应出台相关的法律和政策，以加大非物质文化遗产的法律保护力度。为了确保保护工作的专业性和效率，应成立专门的保护机构，由专业人员负责非物质文化遗产保护的相关事宜。非物质文化遗产的保护工作还需要社会与政府共同致力于此，其中政府应发挥主导作用，同时鼓励社会各界积极参与和主动配合，共同为非物质文化遗产的保护和传承贡献力量。[①]

陈孟昕等人的研究明确指出，非物质文化遗产的保护与传承应高度重视并充分发挥高校的关键作用。鉴于高校拥有得天独厚的文化资源和教育资源，它们应积极主动地承担起非物质文化遗产传承与保护的重任，同时高校还需致力于培养一批具备专业素养和高度责任感的人才，以推动非物质文化遗产的保护与传承工作取得实质性进展。[②]

普丽春教授在深入研究民族非物质文化遗产的传承途径时，提出了一个重要观点：在教育传承中寻找保护非物质文化遗产的核心策略。她坚信，教育传承不仅是民族非物质文化遗产保护的最佳方式，更是适应现代社会非物质文化遗产发展新要求的必要途径。普丽春教授的这一观点，为我国科学而有效地开展非物质文化遗产保护工作提供了宝贵的指导与切实可行的建议。她认为，通过教育传承，可以系统地传授非物质文化遗产知识，促使年轻一代对传统文化的热爱和尊重，从而在全社会形成非物质文化遗产保护的共识和行动。[③]

教育传承的方式具有多重优势，一是它可以通过学校教育、社会教育和专业培训等多种渠道，将非物质文化遗产知识传授给更广泛的受众；二是教育传承可以激发年轻一代对传统文化的兴趣，培养他们的文化自觉和文化自信，从而增强非物质文化遗产保护的内生动力；三是教育传承还可以促进非物质文化遗产与现代社会的融合，推动非物质文化遗产的创新发展，使其更好地适应现代社会的需求。普丽春教授的观点可以说是既为我国非物质文化遗产保护提供了新的思路和方法，也为世

① 何星亮．民族地区如何进行文化保护和文化建设[J]．中国民族，2015(03)：82-85.

② 陈孟昕，张昕．中国高等院校首届非物质文化遗产教育教学研讨会综述[J]．湖北美术学院学报，2003(04)：61-62.

③ 普丽春，费洋洋，赵伦娜．非遗传承：铸牢中华民族共同体意识教育的时代呼应与价值导向[J]．中国民族教育，2023(05)：16-19.

界范围内的非物质文化遗产保护工作提供了借鉴和启示。她呼吁全社会共同关注和支持非物质文化遗产保护工作,共同推动非物质文化遗产的传承与发展,让优秀的传统文化在现代社会中焕发出新的光彩。[①]

通过以上研究不难看出,非物质文化遗产的保护与传承已经上升到了国家战略的高度。未来,人们需要进一步加强非物质文化遗产的保护工作,推动非物质文化遗产与现代社会的融合发展,让非物质文化遗产在新时代焕发出新的生机与活力。

五、保护非物质文化遗产对增强文化自信的重要性

非物质文化遗产是人类文化多样性的核心体现和生动载体,涵盖了文化、政治、经济及人类社会的整体发展。联合国教科文组织所颁布的《世界文化多样性宣言》(以下简称《宣言》)为我们提供了全面而深刻的视角。《宣言》在序言部分明确指出,保护人类文化多样性不仅是对《世界人权宣言》以及1966年两项国际公约中关于人权和基本自由的贯彻,更是对文化多样性与社会经济发展、和平与安全、生活方式、共处方式、价值观、传统和信仰、文化交流与合作以及人类凝聚力之间紧密联系的深刻洞察。《宣言》详细阐述了文化多样性与政治、经济、文化三方面的相互关系和重要性。在政治层面,文化多样性有助于促进不同国家和民族之间的相互理解和尊重,为构建和谐世界奠定坚实基础。在经济层面,保护和利用非物质文化遗产能够创造新的经济增长点,推动旅游、文化创意等产业的发展。在文化层面,保护非物质文化遗产有助于传承和弘扬民族优秀传统文化,增强文化自信心和民族认同感。

《宣言》为我们揭示了非物质文化遗产保护的多重意义,即它关乎文化的传承与弘扬,更是促进人类社会和谐发展的重要基石,更是民族精神的核心组成部分。非物质文化遗产承载着民族的历史记忆和文化基因,通过保护和传承非物质文化遗产,可以让后代子孙更好地了解民族的历史和文化,感受民族精神的独特魅力,从而激发他们的民族自豪感和自信心。

非物质文化遗产可以说是民族历史的活化石,其承载着深厚的民族情感,通过参与非物质文化遗产的传承活动,人们能够亲身体验到民族

① 普丽春,费洋洋,赵伦娜.非遗传承:铸牢中华民族共同体意识教育的时代呼应与价值导向[J].中国民族教育,2023(05):16-19.

文化的独特魅力,从而增强对民族文化的认知和了解。这种亲身体验和深入了解,使得人们更加深刻地认识到自己与民族文化的紧密联系,进而产生强烈的民族归属感和认同感。通过保护和传承非物质文化遗产,人们能够更好地弘扬民族精神,激发人们的文化自觉和文化自信。这种文化自觉和文化自信,不仅能够推动民族文化的繁荣发展,也能够提升民族的整体形象和竞争力。

第二节 传统体育非物质文化遗产的内涵与价值

一、传统体育非物质文化遗产的内涵

在 2006 年,我国正式公布了国家级非物质文化遗产名录,其中首次纳入了体育类非物质文化遗产项目。这一里程碑式的事件标志着体育非物质文化遗产正式进入了我国非物质文化遗产保护的官方视野,并极大地激发了学者对体育非物质文化遗产研究的热情。在关于体育非物质文化遗产概念的研究中,涌现出了一批具有代表性的成果。其中,李凤梅和黄聪两位学者从逻辑角度出发,深入剖析了体育与非物质文化遗产的本质内涵,并基于此构建了体育非物质文化遗产的概念框架。黄聪还特别强调,应将中国文化的独特元素融入体育非物质文化遗产的概念之中,以凸显其深厚的文化底蕴和鲜明的文化特色。[①] 这一观点不仅丰富了体育非物质文化遗产的理论内涵,也为后续的研究提供了重要的参考。

王厚雷对体育非物质文化遗产的理解深刻而独到,他认为体育非物质文化遗产是那些被不同群体或个人视为其文化财富不可或缺的一部分。他强调,体育非物质文化遗产的内涵并非静止不变,而是随着时代的变迁和社会的发展而不断演变。因此,他主张对体育非物质文化遗产的认识与研究应当采取一种动态的视角,不断地为其注入新的内涵,以适应和反映社会的多元变化。[②]

① 陈祥伟,马春梅,李浩,等.新中国体育事业快速发展的核心逻辑[J].南京体育学院学报,2022,21(12):1-10.

② 王厚雷,王竹影.体育非物质文化遗产研究综述与展望[J].首都体育学院学报,2017,29(02):132-136.

白晋湘则聚焦于体育非物质文化遗产的核心特征，他明确指出，体育非物质文化遗产的核心在于其“活态文化”的属性。这种“活态文化”以各类运动项目为主体，通过身体活动这一主要表现形式，将体育文化的传承与创新紧密相连。[①] 白晋湘的观点凸显了体育非物质文化遗产的实践性和动态性，强调了其作为文化传承与创新的重要载体。

林伟贤从更为全面和细致的维度对体育非物质文化遗产进行了解读。他提出，从文化表现形式的角度来看，体育非物质文化遗产涵盖了与体育项目紧密相关的各种运动形式、表演艺术、传统知识和技能，以及与之相应的器具、实物和手工制品等。这些元素共同构成了体育非物质文化遗产的丰富多彩的文化景观。而从文化空间的角度来看，林伟贤认为体育非物质文化遗产还涉及与之相关的空间性和时间性的场所，以及与生产方式、生活方式、民俗习惯、宗教伦理、社会心理和文化认同等相关的场景。[②] 这种多维度的解读为我们提供了更为全面和深入的视角，有助于我们更好地理解和研究体育非物质文化遗产的多元文化内涵。

二、传统体育非物质文化遗产的价值

（一）关于传统体育非物质文化遗产价值的研究

传统体育非物质文化遗产作为非物质文化遗产的重要分支，其独特的运动属性使其在众多非物质文化遗产项目中独树一帜。人们通过参与体育运动，不仅逐渐认识并接受体育非物质文化遗产的运动属性，更能深刻体会到其蕴含的丰富价值。关于传统体育非物质文化遗产的价值，学者们纷纷提出了自己的见解。

杨志强等专家团队深入剖析了传统体育非物质文化遗产与体育旅游产业之间的紧密关联，他们不仅挖掘了体育非物质文化遗产资源的独特魅力和潜在经济价值，还积极探索了传统体育非物质文化遗产与旅游

① 孙群群，白晋湘，吴湘军，等．后精准扶贫时代我国体育非物质文化遗产的活态传承路径研究[C]// 中国体育科学学会．第十二届全国体育科学大会论文摘要汇编——专题报告（武术与民族传统体育分会）．黔南民族师范学院；吉首大学体育科学学院，2022：3.

② 林伟贤，孙虹，李壮，等．体育非物质文化遗产传承与发展研究——以南枝拳为例[J]. 广州体育学院学报，2018，38（03）：40-44.

产业的创新融合模式。[①] 这一研究旨在实现传统体育非物质文化遗产与旅游产业的协同发展，进而为经济增长注入新的活力。

李成银强调了武术非物质文化遗产在民族文化传承中的重要地位。他指出，武术非物质文化遗产不仅促进了人们对民族文化的包容与认同，还在维护民族团结与安定、提升社会凝聚力等方面发挥了不可替代的作用。[②] 这一观点进一步凸显了保护和传承传统体育非物质文化遗产的深远意义。

总的来说，我国在体育非物质文化遗产研究领域取得了显著的成果，研究水平不断提升，整体呈现出积极的发展态势。然而，对于体育非物质文化遗产价值的研究仍存在一定不足，尚未形成完整、系统的理论研究体系。主要存在以下问题：

第一，研究视角和方法尚显单一。目前的研究大多没有从多角度、多层面出发，以满足不同群体的需求。传统体育非物质文化遗产作为一种独特的文化现象，其价值的挖掘和认识需要采用跨学科、多角度的研究方法，以更全面地理解其文化内涵和社会意义。

第二，缺乏对传统体育非物质文化遗产价值多样性与关联性的深入研究。传统体育非物质文化遗产的价值不仅仅体现在其本身，更在于其与其他文化元素、社会现象之间的关联和互动。因此，在研究中应从主体和客体两方面着手，不仅要关注传统体育非物质文化遗产本身，还要深入挖掘其背后的文化、历史、社会等方面的价值，并分析其与其他内容结合后所产生的新的价值和意义。

为了更好地传承和保护传统体育非物质文化遗产，需要加强对其价值的深入研究，具体可以采取以下措施：

（1）传统体育非物质文化遗产研究需要融合历史学、文化学、社会学、人类学等多个学科的理论和方法，组建跨学科的研究团队，共同推动研究的深入发展，因此需要加强跨学科合作。

（2）通过深入调研、访谈、实地考察等方式，获取一手数据和信息，对传统体育非物质文化遗产进行细致的描述和分析。同时，结合具体案例，探讨传统体育非物质文化遗产在现实生活中的应用和价值，为传承和保护提供实践指导。

---

① 杨志强．武术教育融入中学校园文化建设的价值与实施策略探究[J]. 中华武术，2024（06）：93-95.

② 李成银，李杉杉，张志成．非遗视野下山东传统武术文化特征与价值研究[J]. 山东体育学院学报，2014，30（01）：51-55.

（3）传统体育非物质文化遗产是人类的共同财富，其传承和保护需要全球范围内的共同努力，因此需要加强国际交流与合作，可以借鉴其他国家和地区的先进经验和做法，推动传统体育非物质文化遗产研究向更高水平发展。

只有形成完整、系统的理论研究体系，才能更好地挖掘和传承传统体育非物质文化遗产的丰富价值，为中华文化的传承和发展作出更大的贡献。

（二）传统体育非物质文化遗产的价值表现

传统体育非物质文化遗产的价值是多方面的，深入体现了其对文化、社会、教育和健康等多个领域的重要贡献，具体如表 5-1 所示。

表 5-1　传统体育非物质文化遗产的价值表现

价值维度	价值表现
历史价值	民族传统体育非物质文化遗产承载了丰富的历史信息，是了解和研究民族历史、文化、社会发展的重要窗口。它们记录了不同民族在不同历史时期的体育习俗和传承，对研究民族体育史和民族文化史具有重要价值
民俗价值	民族传统体育非物质文化遗产是民族民俗文化的重要组成部分，它们体现了各民族的独特生活方式和精神风貌。这些体育活动与民俗活动紧密结合，共同构成了丰富多彩的民族文化景观
科学价值	民族传统体育非物质文化遗产蕴含了丰富的体育科学知识和技术，包括运动生理学、运动心理学、运动训练学等方面的内容。这些知识和技术对于现代体育科学的发展具有重要的借鉴意义
社会价值	民族传统体育非物质文化遗产在促进民族团结、增强社会凝聚力、推动社会和谐稳定等方面发挥着重要作用。它们能够增强民族认同感和归属感，促进不同民族之间的交流与融合
健康价值	民族传统体育非物质文化遗产中的体育活动具有锻炼身体、增强体质、提高免疫力的功能。它们通过传统的运动方式和方法，促进人们身心的健康发展
娱乐价值	民族传统体育非物质文化遗产不仅具有竞技性和表演性，还具有较强的娱乐性和观赏性。它们能够为人们提供丰富的娱乐选择，丰富人们的精神文化生活
教育价值	民族传统体育非物质文化遗产是传承和弘扬民族文化的重要载体，它们蕴含着丰富的教育资源和价值。通过参与民族传统体育活动，可以培养人们的爱国情怀、民族自豪感和文化自信心

续表

价值维度	价值表现
经济价值	民族传统体育非物质文化遗产具有巨大的经济开发潜力。通过发展民族传统体育旅游产业,可以带动相关产业的发展,促进地方经济的繁荣。同时,民族传统体育非物质文化遗产还可以作为文化产品进行开发,创造经济价值

第三节　中华民族传统体育非物质文化遗产保护现状分析

一、中华民族传统体育非物质文化遗产概述

我国民族传统体育源远流长,是一种深植于我国各族人民长期生产与生活实践中的社会文化现象。这种传统体育文化,作为中国传统文化的重要构成部分,不仅展现了中华民族的智慧与力量,更是我们祖国宝贵且重要的非物质文化遗产,值得每一代人去传承与弘扬。

(一)分类与特点

中华民族传统体育非物质文化遗产项目丰富多样,根据其特点和形式,大致可以分为以下几类。

表 5-2　中华民族传统体育非物质文化遗产项目主要类型

类别	项目特点	代表性项目
竞技比赛类	以竞技为主要特征,注重技巧、力量和速度的较量,具有高度的观赏性和竞技性	武术、摔跤、马术、龙舟竞渡等
表演类	以表演为主要形式,注重技艺的展示和观赏效果,具有浓厚的艺术性和文化性	舞龙、舞狮、风筝、射术、投壶等
娱乐健身类	以娱乐和健身为主要目的,注重参与性和趣味性,适合广大群众参与	太极柔力球、扭秧歌、导引功法等
综合性	融策略、智慧和竞技于一体	棋类运动(象棋、围棋等)

(二)各批国家级传统体育类非物质文化遗产代表性项目保护现状

自 2006 年 5 月《第一批国家级非物质文化遗产名录》正式公布以来,共有 518 项珍贵的文化遗产得以收录,其中太极拳(包括杨氏和陈氏太极拳)、沧州武术等项目不仅展现了中华民族传统体育的深厚底蕴,也体现了各民族文化的独特魅力。

从申报地区来看,整体而言华北地区和华中地区成为申报的热点区域。在保护单位方面,文化馆、艺术团、非物质文化遗产中心和协会等机构占据了主导地位。这反映出在非物质文化遗产保护领域,专业机构和社会组织发挥了重要作用,而学校的参与度还有待提高。

表 5-3　第一批国家级非物质文化遗产中的传统体育、游艺与杂技项目

序号	编号	项目名称	申报地区或单位
285	Ⅵ-3	中幡(安头屯中幡、正定高照、建瓯挑幡)	河北省香河县、正定县;福建省建瓯市
288	Ⅵ-6	线狮(九狮图)	浙江省永康市、仙居县
292	Ⅵ-10	沧州武术(劈挂拳、燕青拳、孟村八极拳)	河北省沧州市
293	Ⅵ-11	太极拳(武氏太极拳)	河北省永年县

2008 年 6 月,国务院公布了《第二批国家级非物质文化遗产名录和扩展项目名录》,总计 657 项,其中包括新增项目 510 项和扩展项目 147 项。传统体育、游艺与杂技类项目共有 42 项,其中新增项目 38 项,扩展项目 4 项。在保护单位方面,文化馆、艺术团和协会相对较多,而研究会、学校、俱乐部和传习所等机构的参与度相对较低。学校等教育机构的参与度有待进一步提高。

表 5-4　第二批国家级非物质文化遗产中的传统体育、游艺与杂技项目

序号	编号	项目名称	申报地区或单位
790	Ⅵ-18	围棋	中国棋院、北京棋院
791	Ⅵ-19	象棋	中国棋院、北京棋院
792	Ⅵ-20	蒙古族象棋	内蒙古自治区阿拉善盟

续表

序号	编号	项目名称	申报地区或单位
793	Ⅵ-21	天桥摔跤	北京市宣武区
794	Ⅵ-22	沙力搏尔式摔跤	内蒙古自治区阿拉善左旗
795	Ⅵ-23	峨眉武术	四川省峨眉山市
796	Ⅵ-24	红拳	陕西省
797	Ⅵ-25	八卦掌	河北省廊坊市
798	Ⅵ-26	形意拳	河北省深州市
799	Ⅵ-27	鹰爪翻子拳	河北省雄县
800	Ⅵ-28	八极拳(月山八极拳)	河南省博爱县
801	Ⅵ-29	心意拳	山西省晋中市
802	Ⅵ-30	心意六合拳	河南省漯河市、周口市
803	Ⅵ-31	五祖拳	福建省泉州市
804	Ⅵ-32	查拳	山东省冠县
805	Ⅵ-33	螳螂拳	山东省莱阳市
806	Ⅵ-34	苌家拳	河南省荥阳市
807	Ⅵ-35	岳家拳	湖北省武穴市
808	Ⅵ-36	蔡李佛拳	广东省江门市新会区
809	Ⅵ-37	马球(塔吉克族马球)	新疆维吾尔自治区塔什库尔干塔吉克自治县
810	Ⅵ-38	满族珍珠球	吉林省吉林市
811	Ⅵ-39	满族二贵摔跤	河北省隆化县
812	Ⅵ-40	鄂温克抢枢	内蒙古自治区鄂温克族自治旗
813	Ⅵ-41	挠羊赛	山西省忻州市
814	Ⅵ-42	传统箭术(南山射箭)	青海省乐都区
815	Ⅵ-43	赛马会(当吉仁赛马会、玉树赛马会)	西藏自治区拉萨市、青海省玉树藏族自治州
816	Ⅵ-44	叼羊(维吾尔族叼羊)	新疆维吾尔自治区巴楚县
817	Ⅵ-45	土族轮子秋	青海省互助土族自治县
818	Ⅵ-46	左各庄杆会	河北省文安县
819	Ⅵ-47	戏法(赵世魁戏法)	黑龙江省杂技团
820	Ⅵ-48	建湖杂技	江苏省建湖县

续表

序号	编号	项目名称	申报地区或单位
821	Ⅵ-49	东北庄杂技	河南省濮阳市
822	Ⅵ-50	宁津杂技	山东省宁津县
823	Ⅵ-51	马戏(埇桥马戏)	安徽省宿州市埇桥区
824	Ⅵ-52	风火流星	山西省太原市
825	Ⅵ-53	翻九楼	浙江省杭州市、东阳市
826	Ⅵ-54	调吊	浙江省绍兴市
827	Ⅵ-55	苏桥飞叉会	苏桥飞叉会河北省文安县

2021年5月,国务院公布了《第五批国家级非物质文化遗产代表性项目名录和扩展项目名录》,共计325项,其中新增项目185项,扩展项目140项。在这批名录中,传统体育类项目共有37个(剔除3项后),具体包括藏棋、无极拳、少北拳、西凉掌(亳州晰扬掌)、青城武术、乌审走马竞技、花毽(穆氏花毽)等。

从项目申报分布区域来看,华北地区和华东地区项目较多,西南、东北、西北和华南地区较少,华中地区最少。

在保护单位方面,文化馆和协会相对较多,学校、俱乐部、社团等机构的参与度相对较低。值得注意的是,出现了武学健身等有限公司,这表明体育类非物质文化遗产开始市场化,有了较好的市场空间和产业前景。与此同时,应把体育类非物质文化遗产项目、传承人和传承基地(点)进行关联式保护,以激发传承人的内生动力和传承能力,进一步提升传统体育类非物质文化遗产项目的活力和价值。

二、当前中华民族传统体育非物质文化遗产保护现状

(一)政策与法律保障

近年来,中国政府高度重视非物质文化遗产的保护工作,出台了一系列相关政策与法律,为中华民族传统体育非物质文化遗产的保护提供了坚实的法律保障。国家层面,先后颁布了《中华人民共和国非物质文化遗产法》等法律法规,明确了非物质文化遗产保护的基本原则、保护

范围、保护方式以及法律责任等，为非物质文化遗产保护提供了法律依据。地方政府也根据当地实际情况，制定了相应的非物质文化遗产保护条例和实施方案，细化了保护措施，确保了非物质文化遗产保护工作的有序开展。

不过遗憾的是，尽管政策与法律体系不断完善，但在实际执行过程中仍存在一些问题。比如，部分地区的政策执行力度不够，导致非物质文化遗产保护工作难以落到实处；一些地方政府对非物质文化遗产保护工作的重视程度不够，投入的人力、物力、财力有限，影响了保护工作的开展效果；尽管法律规定了非物质文化遗产保护的责任主体和权利义务，但在实际操作中，由于责任不明确、监管不到位等原因，导致一些非物质文化遗产项目得不到有效保护。

（二）资金投入与支持

为加强非物质文化遗产项目的保护、传承与展示，中央财政特别设立了非物质文化遗产保护专项资金，旨在提供必要的经济支持。地方政府亦不甘落后，通过设立非物质文化遗产保护基金、提供财政补贴等措施，积极鼓励并扶持非物质文化遗产项目的保护与发展。社会各界亦纷纷响应，通过捐赠、赞助等方式，为非物质文化遗产保护投入了更多资金。尽管各级政府和社会各界的投入不断增加，但与非物质文化遗产保护的实际需求相比，仍存在显著的资金缺口，而且由于地区差异和项目特点的不同，资金分配上亦存在不公平现象。这在一定程度上影响了非物质文化遗产保护工作的均衡开展。为改善这一状况，需要进一步优化非物质文化遗产保护的资金配置策略，确保每一分投入都能得到最大化的利用，以支持非物质文化遗产项目的可持续发展。

（三）传承人与传承机制

传承人是非物质文化遗产保护的核心力量。目前，我国已经建立了较为完善的传承人认定和管理机制。通过认定国家级、省级等不同层级的传承人，给予他们相应的荣誉和待遇，鼓励他们积极传承和发展非物质文化遗产项目。各地还通过举办培训活动、开展技艺交流等方式，提高传承人的技艺水平和传承能力。但是随着时代的变迁和社会的发展，一些非物质文化遗产项目的传承人仍然在逐渐减少甚至出现断层现象，这导致一些非物质文化遗产技艺面临失传的风险，需要尽早采取相应措施。[1]

（四）宣传与推广

近年来，各级政府及社会各界在非物质文化遗产宣传与推广方面做了大量工作，如通过举办非物质文化遗产展览、演出、讲座等活动，向公众展示非物质文化遗产项目的独特魅力和文化内涵；利用互联网、新媒体等现代传播手段，扩大非物质文化遗产宣传的覆盖面和影响力。然而，在宣传与推广方面仍存在一些不足，一是宣传渠道有限，尽管各级政府及社会各界在非物质文化遗产宣传方面做了一些工作，但宣传渠道仍相对有限，难以覆盖更广泛的受众群体。二是宣传内容不够丰富。一些非物质文化遗产项目的宣传内容较为单一，缺乏深度和广度，难以引起公众的兴趣和关注。

（五）国际合作与交流

近年来，我国已积极投身于国际非物质文化遗产保护事业，与多国及地区构建了紧密的ICH保护合作框架。通过组织国际非物质文化遗产展览、学术论坛等多元化活动，我国明显加强了与国际社会的交流与合作，从中汲取了许多其他国家的宝贵经验，并在体育非物质文化遗产保护方面取得了显著的成果。但不得不承认，目前我国在ICH国际保护合作方面的覆盖领域和具体项目仍较为有限，合作范围有待进一步拓宽，当前的合作机制亦需进一步完善。为实现更为深入且有效的国际合作，我国需要构建更为健全的合作体系，涵盖合作模式的创新、资金分配的合理化以及项目管理的精细化等多个方面。

① 康娜娜，张志彬．我国民族传统体育非物质文化遗产传承人的法律地位[J].体育成人教育学刊，2013，29（1）：19-21．

第四节　文化自信视野下中华优秀传统体育非物质文化遗产传承人的保护

一、民族传统体育非物质文化遗产传承人的定义与标准探究

在联合国教科文组织发布的《非物质文化遗产申报书编制指引》中，传承人被定义为那些致力于保护并传承民俗传统的人员。而在我国，对于国家级非物质文化遗产的代表性传承人，根据《国家级非物质文化遗产保护与管理暂行办法》的规定，需满足以下要求：一是全面掌握该项目或其特殊技能；二是在该项目领域内具有公认的代表性、权威性和广泛的影响力；三是积极投身于传承活动，致力于培养新一代的传承人。

近年来，随着社会各界对非物质文化遗产保护意识的逐步增强，政府对非物质文化遗产保护工作给予了更多关注与重视。为此，政府相继出台了一系列与非物质文化遗产保护相关的法律法规，如《中华人民共和国非物质文化遗产法》第 29 条，对非物质文化遗产传承人的资格条件进行了明确规定，确保非物质文化遗产项目的代表性传承人符合相应的标准与要求。

二、中华优秀传统体育非物质文化遗产传承人的权利与义务

中华优秀传统体育文化作为中华民族文化的重要组成部分，承载了深厚的历史底蕴和丰富的精神内涵。而非物质文化遗产传承人，作为这一文化瑰宝的直接继承者和传播者，他们的价值不仅体现在技艺的传承上，更体现在对民族文化和精神的传承与弘扬上。传统体育非物质文化遗产传承人在文化传承中既是技艺的掌握者，又是文化的传播者。他们的权利和义务是相互关联、相互制约的，共同构成了非物质文化遗产保护与传承的重要方面。

（一）中华优秀传统体育非物质文化遗产传承人的权利

1. 署名权

传承人在技艺传授、表演展示以及创新探索等过程中所取得的各种成果，如技艺示范、教学文档或创意作品等，均涉及署名权的界定问题。这一权益不仅使传承人能够在相关活动或作品中明确标注民族传统体育非物质文化遗产的根源和出处，更重要的是，它赋予了传承人展示自我姓名和所属社群的机会。这种权益的明确，有助于保障传承人的合法权益，防止他人未经许可擅自使用或冒用其名义进行传承活动，从而保障了传承人的劳动成果和知识产权。

需要注意的是，中华优秀传统体育非物质文化遗产传承人的署名权具有不可交易和不可转让的特性，这一设定旨在确保传承人能够始终掌控自己的身份和权益，避免商业化运作对其权益的侵蚀和损害，从而保障这一珍贵文化遗产的纯正性和完整性。

2. 传承权

"传承"是指传授与继承，因此中华优秀传统体育非物质文化遗产传承人的传承权包含传授权和继承权。

（1）传授权

在中华优秀传统体育技艺的传承过程中，传授权赋予了传承人将技术、技艺传授给他人的权利，这一授权不仅体现了技术的传递，更深层次地承载了文化的传承使命。家族传承作为民族传统体育技艺传承的传统且重要的路径，确保了民族精神在家族血脉中的延续与传承，但为了推动民族传统体育技艺的广泛传播与弘扬，传承人同样拥有选择本民族社区外符合传承条件和要求的人作为新传承人的权利。

在传授方式的选择上，传承人同样拥有自主权，他们可以根据所传承项目的特性、发展需求以及时代背景，选择最为适宜的传授方式。比如，借助现代媒体技术，传承人可以将技艺进行数字化记录，以便于更广泛地传播、保存与传承。这种灵活的传授方式既有助于民族传统体育技艺的传承与发展，也为传统文化的弘扬与创新提供了更多可能性。

（2）继承权

在特定的法律框架下，继承权赋予了传承人在符合一定条件时，有资格获得被继承人遗产的权益。不过与一般的继承权相比，民族传统体育非物质文化遗产传承人的继承权具有其独特的性质和内涵，这是因为非物质文化遗产并非仅指物质层面的遗产，更多的是涵盖了精神层面和技艺层面的宝贵财富。这些遗产的流失，往往意味着一种文化的逐渐消亡和遗忘。所以对于民族传统体育非物质文化遗产传承人而言，在继承这一独特遗产时，他们往往不能简单地作出接受或放弃的选择。他们肩负着确保这些文化遗产得以延续和传承的重大责任，除非遇到极其特殊的情况，传承人应当珍视并坚守这一权利，为非物质文化遗产的传承和弘扬贡献自己的力量。

民族传统体育非物质文化遗产传承人的传承权是一项重要的权利，它确保了非物质文化遗产的延续和发展。传承人在行使这一权利时，不仅要有责任心，还要有创新精神，不断探索新的传承方式和途径，以便让更多的人了解和接受这些宝贵的文化遗产。

3. 表演者权

为了推动民族传统体育非物质文化遗产的传承与保护，传承人进行表演时，有权利要求自己表演的节目以及直播、转播、录制、复制其节目时按照惯例公布传承人的情况以表明身份。这是表演者的人身权，传承人拥有这一权利。该权利的专属性十分严格，只能由表演者本身享有，不能转让与继承。

4. 改编权

民族传统体育的表演者为提升节目的艺术价值，常常在编排套路、选择服饰等方面投入大量的劳动与心血。这些劳动成果不仅彰显了表演者的艺术造诣，更是他们对民族传统体育文化的独到贡献。因此他们应当享有相应的经济回报，即表演者的财产权。①

① 康娜娜，张志彬．我国民族传统体育非物质文化遗产传承人的法律地位[J]．体育成人教育学刊，2013，29（1）：19-21．

通过保障表演者的权益不仅能够激励民族传统体育非物质文化遗产传承人更加自信、有动力地传承与弘扬这一独特的文化遗产，还能够使他们的表演获得应有的认可与回报，从而吸引更多人关注并参与到民族传统体育的保护工作中来。这有助于推动民族传统体育非物质文化遗产的广泛传播，让更多人了解并欣赏这一独特的文化形式。

（二）中华优秀传统体育非物质文化遗产传承人的义务

民族传统体育非物质文化遗产传承人不仅是民族文化的承载者，更是这一宝贵遗产的守护者与传承者，肩负着将其延续并推向新高度的使命。民族传统体育非物质文化遗产传承人需积极履行在适宜领域公开技艺的职责，以凝聚社会力量。这要求他们不再局限于狭窄的范围或特定群体，而是勇敢地走出舒适区，通过举办表演、展览、研讨会等多种活动，将民族传统体育的魅力展现给广大公众，从而激发社会对其的兴趣。

随着现代媒体技术的飞速发展，传承方式已不再局限于传统的口传心授。传承人应充分利用现代技术手段，如拍摄和录制影音资料、开发网络课程等，将技艺以更加直观、生动的方式呈现给新一代的传承人。这不仅有助于提升传承效率，还能够拓宽传承的覆盖面，使更多年轻人有机会接触并学习民族传统体育。传承人还应积极利用现代媒体资源在全国范围内推广民族传统体育项目，通过电视、互联网等媒体平台，他们可以将技艺展示给全国乃至全球的观众，从而提升民族文化的知名度和影响力，吸引更多人对民族传统体育的关注和喜爱，为传承人带来更多的社会资源和支持。

三、中华优秀传统体育非物质文化遗产传承人保护存在的问题

尽管非物质文化遗产传承人的保护工作取得了一定的进展，但仍然存在一些亟待解决的问题。

（1）传承人数量不足，年龄结构老化，技艺传承面临断代风险。由于传统体育技艺的传承往往需要长时间的磨砺和积累，且对传承人的身体素质和心理素质要求较高，因此，能够掌握并传承这些技艺的人才相对较少。同时，随着年龄的增长，一些老一代的传承人逐渐退出舞台，而年轻一代对传统体育技艺的兴趣和投入度不高，导致技艺传承面临断代

的风险。

（2）传承人的生存环境和生活条件仍需改善。尽管政府出台了一系列扶持政策，但一些地区的传承人仍然面临生活困难、收入不稳定等问题。此外，一些传承人由于长期从事体育活动，身体健康状况不佳，需要更多的关注和帮助。

（3）传承人的社会地位和认可度有待提高。尽管非物质文化遗产传承人的价值逐渐得到社会的认可，但在一些地区和领域，他们的社会地位仍然较低，面临着被边缘化的风险。这在一定程度上影响了传承人的积极性和自信心，也制约了非物质文化遗产的传承和发展。

（4）传承人的培养机制、传承方式等也需进一步完善和创新。目前，非物质文化遗产传承人的培养主要依赖于传统的师徒传承和口传心授的方式，这些方式虽然具有其独特优势，但也存在一定的局限性。如何结合现代教育和科技手段，创新非物质文化遗产传承人的培养方式，提高传承效率和质量，是当前亟待解决的问题。

四、文化自信视野下非物质文化遗产传承人保护的对策

在文化自信视野下，保护中华优秀传统体育非物质文化遗产传承人不仅是传承传统文化的必要手段，更是增强民族文化自信、弘扬民族精神的重要举措。针对当前非物质文化遗产传承人保护存在的问题，可以从以下两个方面提出对策。

（一）加强宣传教育，增强文化自信

要充分利用各类媒体平台，通过新闻报道、纪录片、综艺节目等多种形式，广泛宣传中华优秀传统体育文化的历史渊源、独特价值和现实意义，增强公众对传统文化的认同感和自豪感。同时，加大对非物质文化遗产传承人的宣传力度，让更多的人了解他们的技艺和贡献，提高他们的社会知名度和影响力。通过宣传教育，不仅可以激发公众对传统文化的兴趣，还可以培养更多年轻人成为非物质文化遗产传承人的后备力量。

（二）加强政策保障，改善传承人生活条件

政府应制定更加全面、具体的政策措施，从资金、荣誉、医疗、养老等多个方面给予非物质文化遗产传承人更多的支持。例如，可以设立专项资金用于非物质文化遗产传承人的技艺传承、培训学习等方面；建立非物质文化遗产传承人荣誉制度，对表现突出的传承人给予表彰和奖励；完善传承人社会保障制度，确保他们的基本生活需求得到满足。通过这些政策措施的实施，可以激发传承人的积极性和创造性，让他们更加专注于传统文化的传承与发展。

第五节　文化自信视野下中华优秀传统体育非物质文化遗产的法律保护

一、著作权保护

根据我国《著作权法》的明确规定，其所保护的客体广泛，涵盖了文字、口述、音乐、戏剧、曲艺、舞蹈、杂技艺术以及摄影等多个领域的作品。在已公布的国家级非物质文化遗产名录中，少林功夫、太极拳、查拳、螳螂拳、华佗五禽戏等民族传统体育项目赫然在列，这些体育项目所关联的理论专著、古籍、禅经、拳谱等作品，因其独特的艺术性和文化价值，自然应纳入《著作权法》的保护范畴。以少林功夫为例，其作为首批国家级非物质文化遗产，背后蕴藏着丰富的文化内涵和深厚的历史底蕴。据少林寺流传下来的拳谱记载，历代传习的少林功夫套路多达数百套，这些凝聚着前人智慧和努力的成果，均应受到《著作权法》的严格保护。

从著作权人的角度来看，《著作权法》明确规定了著作权的归属，著作权人不仅包括作品的作者，还包括其他依照法律规定享有著作权的公民、法人或其他组织。在传统武术领域，基于传统武术创作的新套路、技法及理论等作品，其作者及其著作权人自然享有著作权。即便在某些情况下，作品的作者（即传承人）不明确，但由于民族传统体育非物质文化遗产的特定属性，仍可以明确其归属于某一民族或地区。在这种情况下，根据我国《著作权法》及国际《伯尔尼公约》的相关规定，相关的法人或组织也能获得相应的著作权保护。

二、专利权保护

近年来，随着全球化进程的加快，一些发达国家凭借其强大的研发实力，将发展中国家的非物质文化遗产转化为自身的专利技术，这一现象已屡见不鲜。例如，美国目前就拥有基于印度瑜伽技术的135项创新专利。这无疑引发了发展中国家对非物质文化遗产专利权保护的深刻反思。

依据《中华人民共和国专利法》的明确规定，专利保护涵盖了发明专利、实用新型专利和外观设计专利三种主要类型。针对民族传统体育非物质文化遗产，可以利用我国现行的专利制度为其提供一定程度的法律保护。例如，大型传统体育表演的音像作品、具有独特意义的阴阳八卦等民族传统体育图案、刀剑等传统体育器械的制作工艺，以及行气、导引、坐忘等传统养生方法，均具备专利保护的潜力。通过深入挖掘和整理这些传统体育项目中的创新元素，可以有效地将其转化为专利，从而为其提供更为全面的法律保护。

三、商标权保护

在知识产权的法律架构中，商标法对于标识的注册条件有着明确的界定，即需具备“显著特征”且“不与现有合法权利相抵触”。商标权的保护对于民族传统体育非物质文化遗产而言，既提供了坚实的法律后盾，又是推动其由传统静态保护向文化价值与经济价值双向开发转变的重要驱动力，成为一种值得深入研究和广泛应用的保护策略。

近年来，随着全球化进程的加速，中国民族品牌在海外商标领域遭遇的抢注挑战日益严峻，每年发生数百起商标侵权案件，给中国企业造成了巨大经济损失，也损害了国际消费者的合法权益和身体健康。例如，云南的烟草品牌“阿诗玛”（Ashima）和“红塔山”（Hongtashan）在菲律宾被恶意抢注；而“五粮液”（Wuliangye）在韩国，以及“同仁堂”

(Tongrentang)在日本也遭遇了类似的困境。少林寺方丈释永信在接受采访时曾指出,少林相关商标在东南亚、美洲、欧洲等地被抢注和滥用的现象,已对“少林功夫”的国际形象造成了损害。

为了有效解决这一问题,我国商标法在民族传统体育非物质文化遗产保护方面进行了积极探索和实践。1998 年,河南少林寺通过注册“少林”(Shaolin)和“少林寺”(Shaolin Temple)商标,迈出了商标保护的重要一步。2009 年,其进一步注册了“少林药局”(Shaolin Herbal Bureau)商标。此后,“铜梁火龙”(Tongliang Fire Dragon)、“傩舞”(Nuodance)等也相继获得了商标保护。这一模式适用于商业开发中的民族传统体育非物质文化遗产,如舞龙舞狮、龙舟竞渡、太极等文化元素可转化为商品商标,而且如潍坊风筝、朝鲜族跳板和秋千、维吾尔族达瓦孜等表演形式,也能通过注册服务商标获得法律保护。

商标权保护模式的实施有助于挖掘和发挥民族传统体育非物质文化遗产的经济潜力,实现文化遗产的经济价值转化,而且通过经济效益的激励,进一步增强了文化遗产传承者保护文化遗产的积极性和动力。这种保护策略不仅有利于传统文化的传承与发展,也为民族传统体育非物质文化遗产的保护与创新提供了新的思路和路径。

四、地理标志保护

地理标志是一种独特的文化标识,它指的是某一商品因其来源地的自然或人文因素而具备的特定质量、信誉或其他特征。自 2009 年起,我国地理标志的注册数量显著增长,当年核准注册及初步审定的地理标志数量高达 240 件,这标志着地理标志保护在我国日益受到重视。

对于民族传统体育非物质文化遗产而言,其核心价值往往体现在其独特的地域性上,这种地域性既包含了地理特征,也蕴含了丰富的乡土文化。作为一种区域性文化资源,民族传统体育非物质文化遗产凝结了当地自然与人文环境的精华,展现出其独特性、区域性和民族性,因此地理标志保护模式为这类非物质文化遗产的保护提供了有效的途径。

在我国已公布的国家级非物质文化遗产名录中,诸如少林功夫、武当功夫、沧州武术、邢台梅花拳等具有鲜明地域特色的传统体育项目均被收录。这些项目不仅承载着深厚的文化内涵,同时也承载着地域特色和民族特色,采用地理标志保护模式,对于这些非物质文化遗产的保护具有重要的现实意义。

五、商业秘密保护

依据我国《反不正当竞争法》的界定，商业秘密是指那些非公众所知悉、能为权利人带来经济利益、具有实用性，并且已被权利人采取相应保密措施的技术信息和经济信息。在我国丰富的民族传统体育文化中，蕴藏着诸多独特的健身方法、跌打损伤秘方、气功心诀以及器械制作工艺等。这些技艺往往承载着深厚的民族和家族文化，通过口传心授的方式在特定群体内部传承，具有极高的文化价值和商业开发潜力。

为了充分保护和利用这些宝贵的非物质文化遗产，采取商业秘密保护策略显得尤为重要。相较于专利保护中需要公开技术的局限性，商业秘密保护更能够有效地维护这些技艺的原始性和独特性，从而保护其永恒的价值和魅力。通过加强商业秘密的法律保护，能够促进民族传统体育文化的传承与发展，还能够为相关产业带来更大的经济效益和社会效益。

六、制定专门法

我国拥有 56 个民族，拥有丰富多彩的非物质文化遗产，这些文化财富不仅是民族的瑰宝，也构成了中华文明的多元性与深度。这些非物质文化遗产的保护工作因其深厚的文化内涵和复杂的地域背景而显得尤为重要，进而给立法原则的制定带来了挑战。非物质文化遗产的形成与发展，深植于各地各民族的人文土壤之中，它既是一种文化现象，也是一种公共利益的体现。公共利益作为公法的核心价值追求，与非物质文化遗产保护的目标高度一致，通过对非物质文化遗产的公法保护，能够确保公众从中增强民族认同感和文化归属感，进而超越个体利益的局限。鉴于此，建议我国相关政府部门积极推进非物质文化遗产的专项立法工作，特别是在传统体育领域的非物质文化遗产方面，更应该加大依法保护力度，以防止这些珍贵的文化遗产流失和消亡，从而为我国非物质文化遗产的保护和传承奠定坚实的法律基础。专门法应详细界定非物质文化遗产的定义、分类，并确立非物质文化遗产保护的基本原则和具体措施。通过明确非物质文化遗产的认定标准、申报程序、保护责任及权益保障等关键环节，确保非物质文化遗产保护工作的规范化和系统化。

七、地方立法

我国各民族分散而居，各自拥有独特的风俗习惯、宗教信仰和地理环境，因此诸多具有鲜明民族特色的传统体育项目，往往仅限于在特定民族或地区流传，其他区域鲜少开展。据权威部门的深入调查与统计，我国现有超过1000种少数民族体育项目，它们是民族文化的瑰宝，也是我国体育文化遗产的重要组成部分。为确保这些传统体育非物质文化遗产得到法律层面的有效保护，有必要探讨各地方政府在立法层面的积极作用，各地方政府应结合自身实际情况，制定具有高度灵活性和适用性的地方性体育非物质文化遗产保护法规。通过将这些具有地方特色的传统体育项目纳入法律保护范围，可以为它们的传承与发展提供坚实的法律保障，进而推动中华民族多元文化的繁荣与发展。

八、强化普法工作，提升公众法律认知

在非物质文化遗产保护工作中，公众的广泛参与是不可或缺的驱动力。激发公众的参与热情，对于非物质文化遗产的保护与传承具有重要意义。我国现行的《非物质文化遗产法》在推动政府层面开展保护工作上发挥了积极作用，但在激发社会民间力量参与方面尚显不足，因此政府应采取更加积极的措施，鼓励、引导和调动公众积极参与到民族传统体育非物质文化遗产的保护与传承中来。

在民间力量参与的过程中，政府应提供相应的支持和指导，以确保其活动的合法性和有效性。当然还需要加强普法工作，提升公众的法律认知，使更多的人意识到参与非物质文化遗产保护的重要性，并主动承担起保护责任，这将为民族传统体育非物质文化遗产的保护工作注入新的活力。

第六节 文化自信视野下中华优秀传统体育非物质文化遗产的数字化保护

在文化自信视野下，中华优秀传统体育非物质文化遗产的数字化保护不仅是对传统文化的传承与创新，更是对民族文化自信的坚守。文化自信，是一个民族、一个国家在精神文化层面的底气与自豪，它源于对本民族文化的深刻理解和热爱，体现在对传统文化的尊重与传承中。中华优秀传统体育非物质文化遗产作为中华民族文化的重要组成部分，承载着丰富的历史信息和深厚的文化内涵，是展现中华民族文化自信的重要载体。

随着科技的快速发展，数字化技术为非物质文化遗产保护提供了全新的思路和方法。数字化保护不仅可以实现对非物质文化遗产资源的全面记录和永久保存，还可以通过数字化平台的展示与推广，让更多的人了解和认识非物质文化遗产，从而增强文化自信。因此，探讨文化自信视野下中华优秀传统体育非物质文化遗产的数字化保护，对于推动非物质文化遗产保护工作的深入开展，提升民族文化自信具有重要意义。

一、数字化保护对于传统体育非物质文化遗产的意义

数字化保护对于传统体育非物质文化遗产的意义深远且重大。以下是关于数字化保护对于传统体育非物质文化遗产意义的详细阐述。

（一）全面记录与永久保存

传统体育非物质文化遗产作为中华民族的文化瑰宝，往往以口传心授、师徒相传的方式传承。这种方式虽然富含人情味和文化韵味，但也存在着传承中断、信息丢失的风险。数字化保护技术能够对这些非物质

文化遗产项目进行全面的记录，包括动作细节、技术要领、赛事规则等，通过高清影像、三维扫描等手段，将非物质文化遗产的每一个细节都精准地保存下来。这不仅避免了因传承人更迭或环境变化导致的非物质文化遗产信息流失，也为后人研究和学习提供了丰富的资料。

（二）扩大传播范围与提升影响力

数字化技术能够将传统体育非物质文化遗产呈现在互联网、移动媒体等多元平台上，突破了地域和时间的限制，使得更多的人能够接触到、了解到这些非物质文化遗产项目。通过数字化的展示和推广，不仅可以提升公众对非物质文化遗产的认知和兴趣，还能够提升非物质文化遗产项目的社会影响力和文化价值。同时，数字化保护也有助于推动非物质文化遗产项目走出国门，走向世界，提升中华民族文化的国际影响力。

（三）促进非物质文化遗产的创新性发展

数字化保护不仅是对非物质文化遗产的简单记录和保存，更可以通过技术手段对非物质文化遗产进行创新性开发。例如，利用虚拟现实（VR）、增强现实（AR）等技术，可以构建非物质文化遗产项目的虚拟体验场景，让公众能够身临其境地感受非物质文化遗产的魅力；利用大数据分析，可以深入挖掘非物质文化遗产项目的文化内涵和市场潜力，为非物质文化遗产的传承和发展提供新的思路和方向。这些创新性的发展方式，不仅能够丰富非物质文化遗产的表现形式，也能够吸引更多的年轻人参与到非物质文化遗产的传承中来。

（四）增强文化自信与民族认同

数字化保护是传统体育非物质文化遗产传承与创新的重要手段。它通过对非物质文化遗产的全面记录和展示，让公众更加深入地了解和认识自己的民族文化，从而增强文化自信和民族认同。当一个民族对自己的文化有着高度的自信和认同，就会更加积极地传承和发展自己的文化，形成良性的文化生态。因此，数字化保护对于提升民族文化自信、促进民族团结和社会和谐具有重要意义。

二、数字化保护的理论基础与技术手段

(一)数字化保护的理论依据

数字化保护的理论基础主要建立在信息技术、文化遗产保护以及信息传播学的交叉融合之上。首先,信息技术的快速发展为文化遗产的数字化保护提供了可能,包括数字扫描、3D打印、虚拟现实等技术,使得文物的数字化转化和再现变得可行。其次,文化遗产保护理论强调对文化遗产的全面、真实、长久的保存,数字化保护正是实现这一目标的重要手段。最后,信息传播学的理论为数字化保护后的非物质文化遗产传播提供了理论支持,通过数字化平台,非物质文化遗产可以突破地域和时间的限制,实现更广泛的传播和交流。①

(二)数字化保护的先进技术手段

在数字化保护过程中,一系列先进的技术手段被广泛应用。其中,数字扫描技术通过特殊设备对非物质文化遗产项目进行高精度扫描,获取其表面的三维数据,为后续的数字化处理提供基础数据。3D打印技术则可以根据扫描得到的数据,制作出非物质文化遗产项目的立体复制品,实现非物质文化遗产的实体再现。此外,VR和AR技术能够构建非物质文化遗产项目的虚拟场景,使观众能够身临其境地感受非物质文化遗产的魅力。这些技术手段的应用,不仅提高了非物质文化遗产保护的效率和精度,也丰富了非物质文化遗产的表现形式和传播方式。

① 刘雨,李欣.少数民族体育非物质文化遗产的数字化保护研究[J].西安体育学院学报,2019,36(4):469-473.

三、数字化保护在中华优秀传统体育非物质文化遗产中的应用实践

（一）具体应用

数字化保护在中华优秀传统体育非物质文化遗产中的应用实践丰富多样，这些实践不仅有效地保存了非物质文化遗产的精髓，还推动了非物质文化遗产的传承与发展。以下是一些具体的例子。

1. 数字化建档与数据库建设

针对武术、舞龙舞狮、太极拳等传统体育非物质文化遗产项目，深入开展数字化建档工作。通过高清摄像机、录音设备等技术手段，对非物质文化遗产表演者的技艺进行精准记录，同时收集相关的文字描述、历史背景资料。这些资料经过整理后，被存储在专门的数据库中，实现了非物质文化遗产信息的数字化存储和管理。

数据库的建设不仅为非物质文化遗产项目提供了全面的信息记录，还便于后续的研究者、学习者进行查阅和学习。通过数据库，人们可以轻松地获取非物质文化遗产项目的详细信息，了解其历史渊源、技艺特点等，为非物质文化遗产的传承和发展提供了有力的支持。

2. 虚拟现实与增强现实技术应用

随着技术的飞速发展，VR 和 AR 技术为传统体育非物质文化遗产（ICH）的传承注入了新的活力，实现了革命性的变革。这些技术的应用使得非物质文化遗产项目的表演场景得以模拟和重现，使观众能够身临其境地感受非物质文化遗产的独特魅力。在武术这一非物质文化遗产项目的传承中，VR 技术能够模拟真实的武术环境，使观众通过特制设备亲身体验武术的精髓，感受其动作的流畅与力量。而在舞龙舞狮的表演中，AR 技术则能将虚拟的龙狮形象与现场表演完美融合，创造出更为震撼的视觉效果。这些创新的互动式体验方式显著增强了观众的参与感和沉浸感，还通过其生动有趣的形式吸引了更多年轻人的关注与喜

爱。可以说 VR 和 AR 技术的应用既为传统体育非物质文化遗产的传承提供了新的可能,也为传统文化的推广和普及开辟了新的道路。

3. 数字媒体与网络平台传播

随着互联网技术的广泛渗透和社交媒体平台的兴起,数字媒介与网络空间已成为非物质文化遗产(ICH)信息传播不可或缺的新阵地。借助微博、微信、抖音等社交网络平台以及专门用于非物质文化遗产传播的在线网站,人们可以轻松地浏览非物质文化遗产项目的图片、视频、深度文章等多元化内容,进而增加对非物质文化遗产的了解。一些创新性的网络平台还推出了非物质文化遗产直播、在线互动教学等新型传播形式,使得观众能够跨越时空限制,实时感受非物质文化遗产表演的魅力,甚至通过在线课程学习非物质文化遗产技艺。这种线上线下相结合的传播模式极大地拓宽了非物质文化遗产的传播渠道,通过互动与反馈机制,进一步加深了观众与非物质文化遗产项目之间的情感联系与互动体验。

（二）取得的成效与存在的问题

1. 取得的成效

（1）非物质文化遗产资源得到全面保存

数字化技术的应用使得大量珍贵的体育非物质文化遗产资源得以完整、系统地保存。通过高清摄像、3D 扫描、声音录制等手段,非物质文化遗产项目中的每一个动作、每一次表演都被精准地记录下来,避免了因时间流逝、环境变化或人为因素导致的损失。这些数字化资料不仅为后人提供了学习和研究的宝贵素材,也为非物质文化遗产的传承和发展奠定了坚实的基础。

（2）传播范围扩大

数字化保护极大地拓宽了体育非物质文化遗产的传播渠道和受众范围。借助互联网、社交媒体等数字媒体平台,非物质文化遗产项目得以快速、广泛地传播到世界各地。通过在线展示、互动体验、短视频分享等方式,越来越多的人能够了解和欣赏到这些独特的文化瑰宝,从而提升了非物质文化遗产的文化影响力和社会认同感。

2. 存在的问题

(1)技术标准不统一

在数字化保护实践中,由于缺乏统一的技术标准和规范,不同机构或项目在数据采集、处理、存储等方面往往采用不同的方法和技术,导致数据格式、质量等存在差异。这不仅给后续的数据整合和共享带来了困难,也影响了非物质文化遗产资源数字化保护的整体效果。

(2)跨学科专业人才的稀缺

在数字化保护的广阔领域中,对于涵盖信息技术、文化遗产保护以及体育学等多学科知识的专业人才的需求日益增长。但目前的人才库在此方面显得捉襟见肘,特别是在基层和一线实践中,鲜有同时精通技术与非物质文化遗产保护的专业人士。这种人才短缺的现象对数字化保护工作的深入开展和创新探索造成了显著的制约。

(3)资金支持的匮乏

数字化保护工作的推进离不开雄厚的资金支持,其中涵盖了设备采购、软件开发以及人员培训等多方面的费用。但由于资金筹措渠道的局限性和投入力度的不足,部分地区的数字化保护工作面临资金短缺的困境。这导致了部分非物质文化遗产项目的数字化保护进程迟缓,甚至存在停滞不前的风险,这对非物质文化遗产的传承与保护构成了严重威胁。

(三)改进建议

1. 制定统一的技术标准

为了提升数字化保护工作的整体质量与效率,有关部门亟须构建一套统一的技术标准与规范体系。此体系应详尽地覆盖从数据采集、精细处理、安全存储到高效传播的全流程,旨在确保非物质文化遗产数据在各个环节中的一致性与互通性。当然,还应该加大对这些技术标准的普及与宣传力度,提升非物质文化遗产保护从业者及相关机构对标准重要性的认知，并通过培训与教育提升其执行标准的能力，从而确保标准能够在实践中得到切实有效的贯彻与实施。

2. 加强人才培养与引进

高等教育机构和研究部门应积极响应，开设与数字化保护紧密相关的跨学科课程，旨在培养具备广泛知识背景和专业技能的复合型人才。通过设立专项奖学金、组织专业培训班等激励机制，期望吸引更多有志之士投身于数字化保护这一领域，共同推动其发展。当然，积极引进国际优秀人才也是一项重要策略，通过学习他们的先进经验和前沿技术，可以进一步提升我国在数字化保护领域的工作水平和国际竞争力。

3. 加大资金投入力度

资金是数字化保护工作顺利开展的重要保障。政府应加大对数字化保护工作的资金投入力度，特别是在基层和一线工作领域，确保数字化保护项目得到充分的支持和保障。此外，还可以通过引导社会资本投入、建立多元化的融资机制等方式，拓宽资金来源渠道，为数字化保护工作提供稳定的资金支持。

4. 建立合作与交流机制

加强与国际组织、其他国家和地区的合作与交流，共同推动数字化保护技术的发展和应用。通过举办国际研讨会、开发合作项目等方式，分享经验、互学互鉴，不断提升我国数字化保护工作的水平和影响力。同时，借鉴其他国家和地区的成功经验，结合我国实际情况，探索适合我国的数字化保护模式和发展路径。

第六章 文化自信视野下中华优秀传统体育文化的国际传播

在文化自信的背景下,中华优秀传统体育文化的国际传播越发重要。这不仅仅关系着文化基因的传承与续写,还深刻影响着国家形象的塑造与国际影响力的提升。因此,我们有必要积极促进中华优秀传统体育文化在国际舞台上的广泛传播,以此为构建人类命运共同体注入中国独特的智慧与力量。

第一节　文化自信视野下中华优秀传统体育文化国际传播的使命

中华优秀传统文化中的体育元素，蕴藏着深邃的哲理精髓与别具一格的迷人魅力，其跨越历史长河而依然熠熠生辉。对于其国际传播而言，这不仅是对中华民族璀璨文化的自我展示与颂扬，更是推动不同文化体系间深度交流与互鉴的重要一环。在此过程中，中华优秀传统体育文化犹如一座坚实的桥梁，横跨国界，连接世界，对加深国际社会对中华文化的认知与认同发挥着举足轻重的作用。

一、展示文化魅力

中华优秀传统体育文化，作为中华文化之瑰宝，不仅积淀了丰富的历史内涵，更折射出独特的审美观念、道德伦理及人文精神，成为中华文化不可或缺的一环。通过国际层面的传播与交流，我们能够向世界展示这一文化瑰宝的独特魅力，进而促进不同文化间的对话与理解。

中华优秀传统体育文化，以别具一格的运动形态和技艺展现其深厚的文化魅力。例如，太极拳作为中华传统武术的杰出代表，其别具一格的运动形式与深邃的文化内涵在国际上赢得了广泛赞誉。通过举办太极拳国际邀请赛、文化交流活动等，我们能够吸引全球各地的参与者亲身体验太极拳的韵味与魅力。同时，太极拳的推广也促进了中华文化中和谐、包容等核心价值的传播，进一步增强了国际社会对中华文化的认知与认同。另一典型代表——龙舟竞渡，作为端午节的重要传统习俗，蕴含着深厚的文化意蕴与民族特色。在国际龙舟赛事的舞台上，中华龙舟队凭借卓越的技术水平与团结协作的精神屡次斩获佳绩，充分展示了中华儿女的风采。这些赛事不仅提升了中华龙舟的国际影响力，也推动了龙舟文化的国际传播，使更多人能够领略到这一传统文化的独特魅力。

二、促进文化交流

传统体育文化作为民族历史文化的载体，其跨国界的心灵沟通力显得尤为独特与重要。为将中华优秀传统体育文化推向国际舞台，促进跨文化交流与理解，我们应积极探索国际传播的新途径。

中华优秀传统体育文化所蕴含的丰富价值观念与深刻精神内涵，无疑是吸引国际目光的关键。武术的刚柔并济、太极拳的和谐圆融，以及龙舟竞渡中体现的团结协作精神，均展现了中华民族独特的审美观念、道德伦理和人文精神。这些深层次的文化元素的展现，将有助于提升国际社会对中国文化的认知与认同，进而推动文化多样性的繁荣发展。

在国际传播的实践中，举办国际体育赛事和文化交流活动，特别是如国际武术节、太极拳邀请赛等精彩纷呈的活动，成为弘扬中华优秀传统体育文化的重要方式。通过吸引外国选手和观众的亲身参与，我们能够让他们直观地感受到中华优秀传统体育文化的深厚底蕴和独特魅力。配合举办文化讲座、展览等丰富多彩的活动，则能够更深入地介绍中华文化的历史渊源和特色，从而促进不同文化间的深度对话与交流。

现代传媒手段为中华优秀传统体育文化的国际传播提供了更加广阔的舞台。通过制作精美的宣传片、纪录片等影视作品，我们可以以视觉化的方式生动展现中华优秀传统体育文化的魅力与内涵，引发更多人的关注与兴趣。而利用社交媒体、网络平台等新媒体渠道进行广泛传播，则能够吸引更多年轻群体的参与，进一步推动中华优秀传统体育文化在国际范围内的影响力持续扩大。①

在推动中华优秀传统体育文化国际传播的过程中，我们应始终保持对其原汁原味和民族特色的尊重与传承，避免过度商业化和娱乐化的倾向。同时，以开放、包容的心态面对不同文化间的差异与多样性，通过平等的交流与对话，共同推动世界文化的繁荣与发展。

① 李明．"一带一路"倡议下民族传统体育文化的国际传播策略研究[J]. 遵义师范学院学报，2019，21（1）：159-162.

三、提升国家形象

中华优秀传统体育文化，作为中华民族的璀璨瑰宝，不仅蕴含着丰富的历史积淀，更凸显了中华民族特有的价值追求与精神风貌。通过有效的国际传播策略，我们有望使这一独特文化为世界熟知、认同并欣赏，进而促进国家形象的大幅提升。

以武术为例，这一拥有悠久历史的中国传统体育项目，在国际的舞台上总是能够展现其非凡的魅力与深远的影响。我们通过精心组织各种国际武术赛事和表演活动，不仅向世界展示了武术的高超技艺和深刻内涵，更将中国文化的独特韵味与美学价值传递给了全球观众。河南电视台倾力打造的《武林风》节目，凭借其别具一格的创意和精益求精的制作水平，赢得了广泛的赞誉与好评。这档节目不仅在国内获得了极高的收视率和良好的口碑，更通过举办国际赛事，进一步增强了其观赏性和吸引力，为中华武术文化走向世界竞技舞台奠定了坚实的基础。

值得注意的是，在国际传播过程中，我们应始终秉持尊重文化差异与多样性的原则。以开放、包容的心态与其他文化进行深入的交流与对话，有助于我们避免文化冲突与误解的产生。同时，积极借鉴与吸收其他国家优秀体育文化的精髓与传播经验，也是提升中华优秀传统体育文化国际影响力的有效途径。通过不断的创新与发展，我们有望使中华优秀传统体育文化在国际舞台上绽放出更加耀眼的光芒。

四、传播价值观念

中华优秀传统体育文化所蕴含的价值观念与精神内核，是其文化魅力的核心体现。它深刻反映了人们对生命、健康、道德以及社会和谐的追求与理解，与现代社会价值观相契合，具有跨越时代的普遍意义。通过国际文化交流，我们能够推动更多人对这些价值观念的理解与认同，进而增进不同文化间的相互理解与共鸣。具体而言，中华优秀传统体育文化所蕴含的价值观念与精神内涵主要表现在以下几个方面。

（一）生命尊重与身心健康

在中华优秀传统体育文化中，始终贯穿着对生命的敬畏之心，这种敬畏体现在对每一个生命个体的尊重与珍视上。同时，这一文化也追求身心的和谐与健康，它鼓励人们通过多样化的体育锻炼方式，不断提升自身的身体素质，实现内外兼修的目标。在这个过程中，人们努力追求身心合一的境界，将身体锻炼与心灵修养相结合，从而达到对生命的全面呵护。这种对生命的珍视与呵护，不仅体现了中华民族对个体生命的深切关怀，也彰显了其对生命价值的独特理解。

（二）公平正义与道德准则

在体育竞技的舞台上，中华优秀传统体育文化所强调的并非竞技本身，而是一种公平、公正的竞争原则。它倡导我们在比赛中严格遵守规则，对对手保持充分的尊重，展现出高尚的道德风尚。这种对公平正义的执着追求，并非局限于体育竞技的狭小领域，而是深深地烙印在中华民族的日常生活中，成为我们社会道德体系不可或缺的重要组成部分。

（三）团结协作与集体精神

众多传统体育项目，如龙舟竞渡和集体武术表演等，无一不需要团队成员之间紧密的协作与默契配合。这种团结协作的精神，不仅对提升整个团队的综合实力具有显著作用，更能够有效培养人们的集体意识和团队精神。通过参与这些活动，人们能够更加珍视团结合作的价值，进一步增强社会的凝聚力和向心力，为构建和谐社会贡献力量。

（四）自强不息与坚韧不拔

中华优秀传统体育文化深植于我们的民族血脉之中，它展现了不断挑战自我、勇攀高峰的精神风貌。它鼓励人们通过持之以恒的体育锻炼，不断挖掘自身潜力，实现身心素质的双重提升。在人生的道路上，困难和挑战总是难以避免，但正是在这些艰难时刻，我们需要保持坚韧不拔的毅力,以勇往直前的姿态迎接每一个挑战。这种自强不息的精神,正是中华民族千百年来传承不息的优秀品质的重要体现,它激励着一代又一代的中华儿女不断奋进,追求更高的境界和更美好的未来。

(五)礼仪修养与人文关怀

在中华优秀传统体育文化中,礼仪修养一直占据重要地位,其特别强调在体育活动的各个环节中融入人文关怀的精神。无论是武术中庄重的拜师仪式,还是太极拳中那起始与收尾的仪式性动作,都深深蕴含着对他人的敬意与尊重,以及对自身行为的严格要求。这种礼仪修养不仅有助于提升个人的道德修养与品格素质,更能在社会中营造出一种和谐、融洽的良好氛围。

第二节　中华优秀传统体育文化国际传播理论

一、中华优秀传统体育文化国际传播概述

(一)中华优秀传统体育文化国际传播的环境

1. 国际环境

在全球化背景下,中华优秀传统体育文化国际传播面临着复杂多变的国际环境,其中蕴含着良好的机遇与严峻的挑战。这一环境由全球化趋势、科技进步、国际竞争格局以及文化差异性等多重因素共同构成,形成了一个多元而复杂的系统。

首先,全球化为中华优秀传统体育文化提供了广阔的国际舞台。随着国际体育赛事规模的不断扩大和数量的日益增多,中国传统体育项目,如武术、太极、龙舟等得以在更广泛的范围内展示其风采。这些体育项目不仅凸显了中国文化的深厚底蕴和独特魅力,更引发了国际社会对

中国文化的浓厚兴趣与高度认可。以武术为例，作为中国传统体育文化的璀璨瑰宝，其在国际上享有崇高的声誉。众多国际武术赛事与交流活动的举办，为武术文化的推广与传播搭建了坚实的桥梁，使得更多国际友人得以领略武术的精髓与魅力。

其次，科技的迅猛进步与互联网的深入渗透，为中华优秀传统体育文化在国际舞台上的传播注入了强大的新动力。通过巧妙运用社交媒体、网络视频等多样化的新媒体平台，中国传统体育文化以更加直观生动、鲜活有力的形式呈现在世人的眼前。这种数字化传播的方式不仅显著提升了传播的效率与速度，更使得传播的内容变得丰富多彩、引人入胜，让人流连忘返。举例来说，借助在线视频平台这一现代科技产物，全球各地的观众都能够随时随地欣赏到中国传统体育比赛和表演，深刻领略其中蕴含的独特韵味与迷人魅力。同时，这些平台也为国际友人提供了一个与中国体育文化爱好者进行互动交流的宝贵机会，从而进一步推动了中华优秀传统体育文化在全球范围内的广泛传播与深远传承。

然而，在全球化的背景下，中国传统体育文化的国际传播也面临着多重挑战与困难。由于不同国家间的文化差异显著，这导致了国际社会对中国传统体育文化的理解与接纳程度参差不齐，甚至存在误读和偏见的现象。这种文化间的鸿沟不仅削弱了中华优秀传统体育文化在国际舞台上的传播效果，更可能引起误解与冲突，对文化交流的深入发展构成阻碍。

与此同时，国际的文化竞争日趋激烈，其他国家的体育文化同样在积极谋求国际认同与传播空间。这一背景下，中国传统体育文化要在国际大舞台上崭露头角，显得尤为不易。因此，为了有效应对这些挑战，我们亟须采取一系列策略与举措。

一方面，我们应强化对文化差异的尊重与理解，通过加强国际文化交流与对话，增强各国人民对中国传统体育文化的认知与认同。另一方面，我们还需不断创新传播方式，利用现代科技手段，如制作高质量的纪录片、开设在线课程等，提升中华优秀传统体育文化在国际社会中的知名度和影响力。通过这些努力，我们期望能够克服文化差异带来的挑战，推动中国传统体育文化在国际舞台上焕发光彩。

2. 国内环境

中华优秀传统体育文化，作为中华民族千年文明的璀璨瑰宝，其国际传播有助于提升我国文化软实力，是民族文化传承与发展的重要途径。这一传播过程受到多重因素的深刻影响，这些因素共同为传统体育文化的国际传播构筑了坚实的基石。

首先，政府的高度重视为传统体育文化国际传播提供了政策层面的坚实支撑。近年来，我国政府在体育文化事业发展方面投入了大量的政策资源，通过一系列的政策措施，旨在促进国民对文化体育事业的认同与支持，进而推动体育文化产业的健康发展。其中，政府大力推广全民健身活动，通过组织丰富多彩的群众性体育比赛和活动，有效提升了国民的身体素质，为传统体育文化的发展奠定了广泛的群众基础。此外，政府还设立了专项基金，对传统体育文化的研究、保护和推广给予了有力的资金支持，为其国际传播提供了坚实的后盾。

其次，体育文化产业展现出了蓬勃发展的态势，这一态势为传统体育文化在国际上的传播提供了强大的推动力。伴随着国内市场的持续扩大和消费者生活品质的不断提升，民众对体育文化产品的需求愈发强烈。这种需求不断增长的现象，为传统体育文化产品的研发与营销提供了极其广阔的市场空间。因此，越来越多的体育文化企业纷纷涉足传统体育文化领域，积极研发并推出一系列蕴含鲜明民族特色的产品和服务，如精彩绝伦的传统武术表演、韵味悠长的民族舞蹈演出等。这些产品和服务不仅在国内市场上备受瞩目，赢得了广大民众的喜爱与认可，而且在国际市场上也收获了广泛的好评，为传统体育文化在国际的传播注入了生机与活力。

最后，近年来，国学热潮在国内逐渐升温，越来越多的民众开始热衷于探索并深入参与传统文化的传承与发展。他们不仅积极投身于各类丰富多彩的传统体育活动，还致力于学习并掌握传统技艺的精髓，以实际行动为传统体育文化的繁荣与进步贡献着自己的力量。这种日益浓厚的文化氛围，不仅极大地提升了传统体育文化在国内的知名度和影响力，更为其走出国门、迈向国际舞台提供了坚实而有力的文化支撑。

（二）中华优秀传统体育文化国际传播的主体

中华优秀传统体育文化在国际化进程中，其传播主体呈现出显著的多元化特征。这些多元化的传播主体相互交织、协同作用，共同构建了一个立体且全方位的传播网络。这一网络平台不仅为中华优秀传统体育文化提供了广阔的传播空间，更为其走向世界舞台奠定了坚实的基础。

1. 官方部门

在中华优秀传统体育文化国际传播的进程中，官方机构扮演着举足轻重的角色。其中，国家体育总局体育文化发展中心无疑发挥着核心作用，与此同时，遍布世界各地的中国文化中心与孔子学院等亦在积极贡献着力量。这些官方机构通过精心策划与举办各类活动，致力于将中华优秀传统体育文化推向国际舞台，从而有效促进其在全球范围内的传播。

此外，中国政府与文化机构在推动中国文化的国际传播与交流方面发挥了重要作用。通过举办丰富多彩的文化节、艺术展览以及文化交流活动，中国向世界展示了其璀璨多姿的文化面貌与独特魅力。同时，越来越多的中国学者与艺术家也积极走出国门，与国外的同行进行深入的学术探讨与艺术合作。这不仅促进了东西方文化的相互了解与融合，也为双方在未来的交流与合作奠定了坚实的基础。

2. 社会团体和企事业单位

社会团体和企事业单位也是传播中华优秀传统体育文化的重要力量。这些组织往往采用商业化的运营模式，通过与国际机构合作、挖掘与实践文化创意等途径，为体育文化的广泛传播贡献出重要力量。虽然当前尚未形成品牌化的运动项目、赛事体系及传播营销渠道，但随着文化交流的不断深入，这些组织在国际舞台上的影响力及传播效果有望实现显著提升。

3. 往来人员

人员间的互动交流作为中华优秀传统体育文化国际传播的关键渠道,扮演着不可或缺的角色。通过多元化的国际学术交流、系统的教育培训以及丰富多样的体育竞赛活动,体育文化的传播者、研究者和爱好者得以亲身参与国际传播,进而将中华优秀传统体育文化之精髓广泛传播给更广泛的受众群体。

在推动中华优秀传统体育文化国际传播的过程中,不同的传播主体往往采取差异化的传播方式和策略,以更好地适应不同受众群体的独特需求和特性。例如,官方机构倾向于利用大型体育赛事和活动作为载体,凸显国家形象与文化软实力;社会团体和企事业单位则可能倾向于借助商业化的运营模式,推动文化产品的国际输出;而人员间的互动交流则更侧重于通过人际传播的方式,增进相互理解与友谊,为文化的深入交流搭建桥梁。

(三)中华优秀传统体育文化国际传播的方式

中华优秀传统体育文化的国际传播方式丰富多样,其核心目的在于将中国独具魅力的体育文化精髓推向全球舞台,进而提升国家在国际社会的形象。这些传播策略各具特色,互为补充,共同构建了一个全面的国际传播体系。

文化交流活动是中华优秀传统体育文化国际传播的重要途径。通过举办各类国际性的体育赛事,如奥运会、亚运会等,我们能够向全球展现中国体育的独特魅力与风采。同时,文化展览、论坛研讨会等活动也为各国体育爱好者提供了深入交流的平台。这些活动不仅推动了中华优秀传统体育文化在国际的广泛传播,也增进了不同国家之间的友谊与合作,为国际体育文化交流注入了新的活力。

教育推广在中华优秀传统体育文化国际传播中扮演着基础性角色。在国内外学校、社区及乡村等场所设立体育俱乐部与培训机构,有助于引导民众积极参与各类体育活动,并激发他们对中华优秀传统体育的兴趣与热爱。此外,将更多体育文化元素融入学校教育中,使学生在体育锻炼中感受中华文化的深厚底蕴。通过教育的方式,我们能够使更多人了解并接纳中华优秀传统体育文化，为其国际传播奠定坚实的基础。

媒体传播是中华优秀传统体育文化国际传播的重要渠道。利用广播、电视、报纸、杂志等传统媒体以及互联网、社交媒体等新媒体平台，我们可以广泛宣传和推广中华优秀传统体育文化。通过制作短视频、音频、图文等多样化内容，我们可以将体育文化的魅力展示给全球观众，吸引更多人关注和参与。这种媒体传播的方式，能够跨越时空和地域的限制，让中华优秀传统体育文化在全球范围内得到更广泛的传播和认同。

人际传播在中华优秀传统体育文化的国际传播中扮演着不可或缺的角色。体育教练、运动员、文化使者等人员的跨国交流，直接促进了文化信息的传递与共享。同时，借助社交媒体等平台的互动功能，可以推动中华优秀传统体育文化在更广泛的范围内获得认同与接纳。

品牌化推广战略在提升中华优秀传统体育文化国际影响力方面发挥着重要作用。通过打造具有中国特色的体育品牌赛事和活动，可以彰显中国体育文化的独特魅力与深厚底蕴。此外，与国际知名体育品牌的合作与交流，也有助于共同推动全球体育文化的繁荣与发展，使中华优秀传统体育文化在国际舞台上绽放更加璀璨的光芒。

这些传播方式并非孤立存在，而是相互交织、相互作用的有机整体。各种传播方式各具特色，共同构成了中华优秀传统体育文化国际传播的多元立体格局。综合运用这些机制，可以有效推动中华优秀传统体育文化走向世界，加强国际社会对中国体育文化的认知。同时，这也将为提升国家形象和文化软实力，促进国际体育文化交流与合作注入新的活力与动力。

（四）中华优秀传统体育文化国际传播的特点

中华优秀传统体育文化源远流长，其内涵之丰富，令人叹为观止。在国际传播的舞台上，这一文化体系所展现出的鲜明特点，不仅凸显了中国文化的深邃底蕴，更彰显了其在全球化背景下所独有的魅力和价值。

1. 深厚的历史底蕴与独特性

中华优秀传统体育文化历经数千载的沧桑岁月，具有深厚的历史底蕴和丰富的文化内涵。这一文化现象之所以独特,源于其融合了哲学、医学、艺术等多个学科领域的智慧结晶,从而构建了别具一格的体育理论架构与实践体系。这种独特性与深厚底蕴赋予了中华优秀传统体育文化在国际舞台上不可替代的价值。以太极拳为例,它作为中华优秀传统体育文化中的瑰宝,巧妙地将道家哲学思想与武术技艺融为一体,如今已在全球范围内赢得了广泛的认可。

2. 多元的传播方式与渠道

中国传统体育文化在国际传播的过程中呈现出了策略多元化与多维度的特性。传播策略不仅灵活多样,而且能够综合运用多种方式与渠道,以更好地推广中华体育文化。具体来说,我们积极组织国际级体育赛事,通过建立海外文化中心,展示中国体育文化的独特魅力;制作并推广一系列蕴含深厚文化底蕴的体育产品,以吸引更多国际友人的关注和喜爱;注重深化国际交流与合作,通过与其他国家和地区的体育文化机构建立合作关系,共同推动中华体育文化的国际传播;充分利用社交媒体和网络平台等新媒体手段,通过线上线下的方式,让更多的人了解和接触中华体育文化。这些传播策略的实施,有效地拓宽了中华体育文化在国际舞台上的传播广度,让更多的人能够感受到中国体育文化的独特魅力。

近年来,伴随着中国在国际社会中地位与影响力的日益提升,越来越多的国际知名体育赛事选择在中国举办,如冬奥会、世界杯等。这些大型国际赛事的举办,不仅提升了中国体育的国际形象,更为中华体育文化的国际传播提供了得天独厚的契机与平台。通过这些赛事的举办,中华体育文化的魅力得以充分展现,进一步推动了其在国际范围内的传播。

3. 注重人际传播与情感共鸣

在推动中华优秀传统体育文化走向国际舞台的过程中,人际传播方式扮演着举足轻重的角色。通过面对面的深入交流、生动示范以及亲身体验,我们能够以更为直接且深刻的方式传递体育文化的精髓及其所承载的价值观念。同时,情感共鸣的激发在国际传播中同样扮演着至关重要的角色。

通过精心讲述中国体育的动人故事，充分展现中国体育精神的独特魅力，我们能够有效地激发国际受众的情感共鸣，进而增强他们对中华体育文化的认同感。

4. 跨文化传播的挑战与机遇

在全球化的宏观背景下，中华优秀传统体育文化在迈向国际舞台的传播之旅中，不可避免地遭遇了一系列复杂而多元的跨文化传播挑战。这些挑战主要源自不同文化体系和价值观念之间存在的巨大差异。这些差异在传播过程中往往会引发误解和隔阂，进而形成一道道难以逾越的传播障碍。然而，正是这些充满挑战与差异的传播实践，为中华体育文化的国际传播开辟了全新的道路，并赋予了其更多的可能性与机遇。

通过积极的跨文化对话与交流，我们有机会更深入地洞察不同文化体系下的体育需求和特色，从而能够更有效地推进中华体育文化的传播和推广。以中国武术为例，其在国际舞台上的传播就需要我们充分考虑到不同国家和地区的文化背景、审美偏好以及社会习俗，进而在保持武术精髓的基础上，进行适当的文化调适和创新，以适应更广泛的受众群体的需求。

在这一过程中，我们既要尊重并理解不同文化之间的差异，又要善于利用这些差异所带来的传播机遇，以推动中华优秀传统体育文化在国际舞台上绽放更加璀璨的光芒。

5. 文化价值的普世性

中华优秀传统体育文化，独具东方之韵与文化特质，其所蕴含的健康、和谐、尊重等价值理念，具有超越地域与文化的普世意义。这些价值理念不仅契合了现代人对健康生活方式的向往，亦与全球范围内对和平、友谊、进步的共同追求相契合。因此，中华优秀传统体育文化在国际传播中，拥有广泛的受众基础与强烈的共鸣。这种普世性的文化价值，使得中华体育文化在国际文化交流中展现出强大的吸引力和深远的影响力。

6. 强调实践体验与互动参与

中华文化博大精深,其中的传统体育文化历来都极为注重身体力行和亲身参与的实践体验。为了在国际舞台上更好地推广和展示中华优秀传统体育文化的魅力,我们精心策划并举办了一系列丰富多彩的国际体育文化交流活动,邀请外国友人亲身参与并体验这些独特的传统体育项目,让他们能够更直观地感受中华体育文化的深厚底蕴和独特魅力。通过这样的方式,让广大受众更深入地了解中华优秀传统体育文化,从而激发他们对中华文化的浓厚兴趣和深刻认知。

这种以实践体验与互动参与为核心的传播策略,在推动中华文化走向世界的过程中发挥着举足轻重的作用。它不仅能够有效地拉近不同文化之间的心理距离,增进彼此之间的理解,更能够在互动交流中促进文化间的融合与创新。

7. 与现代体育元素的融合创新

在全球化传播的语境下,中华优秀传统体育文化并未故步自封于固有的展现形式,而是勇于探索,积极与现代体育元素进行深度融合与创造性转化。举例来说,通过汲取现代搏击技巧的精髓,对传统武术进行改良和升级;或将传统体育项目巧妙地融入现代国际赛事的框架之中。这种融合创新不仅成功地传承了中华体育文化的核心要义,更赋予其鲜明的现代气息和强大的国际吸引力。通过这一创新路径,中华优秀传统体育文化得以在国际舞台上焕发出前所未有的生机与光彩。

8. 政策支持与民间力量的结合

在推动中华优秀传统体育文化走向国际舞台的进程中,政府发挥着无可替代的核心作用。通过精心策划与制定一系列的政策措施,政府为文化“走出去”提供了坚实的制度保障与资金支持。此外,民间力量也展现出极大的参与热情,其中包括体育组织、企业以及个人等多元主体。他们通过自发组织各类活动、积极开展商业合作等活动,为中华体育文化的国际交流注入了源源不断的活力。

政府的主导作用与民间力量的积极参与共同构成了推动中华体育文化国际传播的双轮驱动机制。这种机制不仅保障了文化传播的顺利进行，更在很大程度上提升了中华体育文化的国际影响力与认知度。正是这种政策与民力的有机结合，使得中华体育文化在国际舞台上展现出独特的魅力与价值，对促进中华文化的整体国际传播、提升国家文化软实力具有不可估量的重要意义。

二、习近平文化思想与中华优秀传统体育文化国际传播

习近平文化思想对于中华优秀传统体育文化的国际传播具有重要的指导意义。它包括以下内容。

（一）大力传承与弘扬中华优秀传统体育文化

传承和弘扬中华体育精神，是我们在建设中华民族现代文明这一伟大事业中不可或缺的重要一环，同时也是推动新时代体育持续发展的必然要求。中华体育精神不仅生动地展现了新时代中国的崭新形象，彰显了中国人民的雄厚力量，还向世界展现了独特的中国风采。中华优秀传统体育文化所蕴含的丰富内涵，集中体现了中华文明在历史长河中突出的连续性、不断创新的精神、内在的统一性、包容万象的胸怀以及追求和平的理念，它是新时代中华体育精神的根基所在。广大体育工作者在长期实践中总结出的以“为国争光、无私奉献、科学求实、遵纪守法、团结协作、顽强拼搏”为主要内容的中华体育精神来之不易，弥足珍贵，需要继承创新、发扬光大。[①]

因此，我们应当深入挖掘并汲取中华民族历史文化的博大精深之处，在国际传播中充分展现中国传统体育文化的独特魅力和深远价值。通过举办各类体育赛事、推广文旅产品等方式，将经济发展与体育事业紧密相连，促进地方文化与特色资源的深度融合与持续发展，以此推动中华优秀传统文化实现富有创意的转化和独具匠心的发展。同时，要结合新时代元素，吸引更多民众参与，使中国传统体育文化在传承中不断创新和发展。这些举措对于推动中华民族现代文明的建设具有重大意义，

① 丁永亮，史国生，孙国友．习近平总书记关于体育工作重要论述的丰富内涵、逻辑体系和本质特征研究[J].体育学研究，2022，36（6）：97-106.

它们让中华体育精神在新的时代背景下焕发出更加璀璨夺目的光彩。

（二）加强国际传播能力建设

加强国际传播能力建设是习近平文化思想的重要组成部分。国际传播能力是一个国家综合国力的重要组成部分。习近平总书记站在战略和全局高度，就加强国际传播能力建设发表一系列重要论述，开创性地回答了国际传播能力建设一系列重大理论和实践问题，进一步丰富和发展了我们党对国际传播的规律性认识。这为我们在新时代做好国际传播工作指明了前进方向、提供了根本遵循。因此，加强国际传播能力建设对于推动中华文化走向世界舞台中央具有重要意义。

我们需要坚守中华文化立场，立足于中华文明丰厚的历史底蕴，推动中华文化走出去，促进文明交流互鉴。在这个过程中，我们要注重创新传播方式和手段，利用现代科技提升传播效果，让更多的人了解和认同中国的传统文化和体育精神。

第三节　中华优秀传统体育文化国际传播的现状分析

一、中华优秀传统体育文化国际传播环境中的不利因素

（一）汉字的复杂性与特殊性

汉字因其独特的笔画结构、结构单位多样性、同音字与形近字的纷繁以及表音与表意的微妙平衡，呈现出显著的复杂性与特殊性。对于非汉语母语者而言，这些因素在理解和记忆汉字时构成了显著的学习挑战。特别是在推广与传播中国优秀传统体育文化的过程中，汉字作为信息表达与传播的重要载体，其复杂性往往成为信息传递的障碍，增加了理解和接受的难度。

第一，笔画结构的繁复性。尽管汉字的基本笔画类型相对有限，包

括横、竖、撇、点、捺五种，但这些基本笔画所衍生出的变体却多达三十余种。此外，汉字在笔画数量上的差异极为显著，既有笔画简单、仅有几笔的汉字，也有笔画繁复、多达数十笔的汉字。例如，“齉”字以其高达36画的笔画数量，充分展现了汉字在笔画结构层面的复杂性。

第二，结构单位的多样化。汉字的结构单位涵盖了笔画和部件等多个层面。这些单位在组合成字时，并非遵循固定的方向或模式，而是呈现出上下左右全方位展开、多向行进的平面型特点。笔画之间的组合方式包括相离、相接、相交等多种形式，而部件的组合则涉及左右结构、上下结构、包围结构、框架结构等多种模式。这种多样化的组合方式进一步加剧了汉字结构的复杂性。

第三，同音字与形近字的困扰。汉语中存在大量同音字和形近字，这也是汉字复杂性和特殊性的一种体现。同音字的存在使得在书写和表达过程中容易出现混淆和误解，而形近字则容易导致书写错误和识别困难。这些因素无疑增加了非汉语母语者学习和使用汉字的难度。

第四，表音与表意的双重挑战。作为典型的表意文字，汉字具有较强的表意性，能够直观表达意义，易于理解和联想。然而，汉字在表音方面相对较弱，这使得非汉语母语者在掌握汉字读音时面临一定的挑战。这种表音与表意的双重特性，既体现了汉字的独特魅力，也为非汉语母语者的学习带来了额外的困难。

汉字，作为中华文化的核心符号，其内在所蕴含的复杂性和独特性，无疑给其在国际上的传播带来了不小的挑战。但这并不意味着汉字的这种特殊性会成为中国优秀传统体育文化在全球范围内推广的绊脚石。实际上，汉字的复杂性恰恰体现了中国文化的丰富多样性和深厚的历史积淀。在推动中国优秀传统体育文化走向世界舞台的过程中，我们更应深入挖掘汉字背后所承载的文化内涵，以充分展示其独特的艺术魅力和智慧精髓。通过深入解读汉字的文化内涵，我们能够更全面地呈现中国文化的独特魅力，从而吸引更多国际受众的关注。

为了克服汉字特殊性带来的传播难题，我们可以采取一系列切实有效的措施和策略。具体而言，一方面，我们应加大对外宣传和推广的力度，通过多语种翻译和解释，帮助国际受众更好地理解和接受汉字及其所承载的文化内涵。这样不仅能够让更多人领略到汉字的美妙之处，还能够促进中国优秀传统体育文化在全球范围内的传播和普及。另一方面，我们可以充分利用现代科技手段，如数字化和网络化传播技术，将中国优秀传统体育文化以更加直观、生动的方式呈现给国际受众。

(二)美国和欧洲仍然是世界文化活动和世界文化产业的中心

在全球化浪潮的推动下,美国凭借其多元化的文化背景、创新精神以及雄厚的经济实力,有效推动了文化产业的蓬勃发展。其电影、音乐、游戏及艺术等诸多领域在全球范围内均具备显著的影响力。尤其是好莱坞电影、流行音乐及百老汇音乐剧等文化产品,已成为美国文化产业的标志性符号,备受全球观众青睐。同时,美国通过外交策略、政策导向、技术创新以及文化交流等多种途径,成功构建了庞大的文化产业链、市场体系及消费群体,从而稳固了其在全球文化产业中的领导地位与核心角色。

欧洲同样拥有深厚的历史文化底蕴与丰富的文化遗产,其文化产业亦展现出独特的魅力与活力。在电影、音乐、美术、设计等领域,欧洲涌现出大量杰出的艺术家及作品,为全球文化的发展贡献了重要力量。此外,在数字化浪潮的推动下,欧洲文化产业亦实现了革命性的变革,加速了文化产业的国际化进程。

根据当前的发展态势,美国和欧洲无疑是全球文化活动的核心区域以及文化产业的重要支柱。它们凭借强大的创新能力和持续的发展动力,为全球文化的繁荣与进步提供了源源不断的推动力。然而,这一现象给中华优秀传统体育文化的国际传播带来了一定的挑战与影响。但世界文化格局并非静止不变。在全球化与信息化浪潮不断深化的背景下,其他地区的文化产业也在逐步崭露头角,为世界文化的发展注入了新的活力与元素。因此,尽管美国与欧洲在全球文化产业中占据举足轻重的地位,但也需要不断适应并应对全球文化格局的演变与挑战,以保持其竞争优势和领导地位,继续引领全球文化产业的发展潮流。

二、中华优秀传统体育文化国际传播能力的建设困境

(一)传播主体协同不足

在全球化背景下,中华优秀传统体育文化在国际传播中面临主体协

同不足的挑战，这严重限制了其传播效果与影响力。首先，在各个传播主体中，政府、企业和社会组织等扮演着关键角色，但当前它们在协同合作方面存在明显短板。政府虽在政策引导和资金支持上有所作为，但在资源整合和具体执行上仍需加强与其他主体的深入合作。企业和社会组织也面临着与政府有效对接和协同的难题，导致传播资源分散，难以形成合力。其次，各传播主体间缺乏统一的传播理念和策略，对文化的理解和定位存在差异，使得传播声音和形象不一致。这种多元化的传播方式虽展现了文化的丰富性，但也可能引起受众的困惑。因此，各主体需共同制定统一的传播策略，形成协同一致的传播合力。最后，传播主体间的信息共享与资源整合机制尚不完善，缺乏有效的协同与交流，导致信息流通不畅和资源利用效率低下。此种情况不仅限制了中华优秀传统体育文化国际传播的广泛性与深度，同时也对其长远发展的潜力造成了制约。为突破这一困境，各方需积极构建高效的信息共享与资源整合体系，从而推动信息的畅通无阻与资源的优化配置。

（二）传播内容生产不优

中华优秀传统体育文化，历经千年沉淀，其内涵丰富且深邃。然而，在面向国际社会的传播过程中，其内容生产环节却呈现出若干不足之处。这些不足主要反映在传播内容的深刻性、广泛覆盖、表现形式以及制作技艺等多个维度上。

1. 传播内容缺乏深度和广度

当前，中华优秀传统体育文化在传播过程中，往往局限于对传统文化的表面介绍和直观呈现，而未能深入剖析其内在的文化精髓。从深层次视角审视，中华优秀传统体育文化蕴含着深厚的哲学思想、道德观念、价值取向以及人文精神，这些元素共同构成了民族文化的核心要素。然而，在国际传播的实践过程中，我们往往过于偏重体育动作的直观演示和技术层面的详细展示，却忽视了深入挖掘和细致阐述其背后所蕴含的文化内涵和精神价值。这种传播策略使得外国受众难以真正领略到中华体育文化的独特魅力和深刻内涵，进而影响了其传播效果的有效性和广泛度。

从广泛的视角审视，中华优秀传统体育文化所蕴含的体育项目种类丰富、形式各异，每一种体育项目都如同一颗璀璨的明珠，深深镶嵌在历史的长河中，承载着深厚的历史记忆、丰富多彩的文化内涵以及独具匠心的表现形式。然而，遗憾的是，在国际交流的舞台上，我们往往将焦点过多地集中在少数几个极具代表性和广泛知名度的体育项目上，而对于那些同样饱含价值、独具特色的体育项目，却未能给予足够的关注与推广，这无疑是对其宝贵资源的忽视与浪费。这种选择性的传播方式导致国际社会对中华体育文化的认知显得片面和有限，无法全面了解其丰富多彩的文化面貌。

2. 传播形式单一，缺乏创新

在当前数字化、网络化、智能化浪潮的推动下，中华优秀传统体育文化的国际传播面临着前所未有的挑战与机遇。以往主要依赖体育赛事、文化交流活动等传统形式的传播手段，尽管在一定程度上发挥了积极作用，但显然已难以完全契合新时代受众的多元化需求。因此，寻求创新传播形式，成为提升中华优秀传统体育文化国际影响力的关键所在。为此，我们可以深入剖析一些成功案例，从中提炼出宝贵的经验，以期探索出更为高效且富有创意的传播路径。也可积极利用现代科技手段，诸如虚拟现实、增强现实等前沿技术，以打造极具沉浸感的体验场景，让受众能够身临其境地感受到我们所传递的信息与内涵。

3. 传播内容的制作水平和质量参差不齐

近年来，随着全球化的加速推进，中华优秀传统体育文化作为中华文明的璀璨瑰宝，正逐渐引起国内外广泛关注与喜爱。然而，在跨文化传播的过程中，一些中华优秀传统体育文化的内容在呈现方式上存在着制作粗糙、画面质量不佳以及语言翻译失准等问题，甚至导致了文化误解与偏见。这些问题不仅影响了受众的观赏体验，更在一定程度上损害了中华优秀传统体育文化在国际舞台上的形象与声誉。

以太极拳为例，作为中华优秀传统体育文化的重要代表，其深厚的哲学意蕴与文化内涵需通过精准的语言翻译传递给国际受众。然而，在太极拳的国际传播实践中，语言翻译的不准确问题尤为突出。

首先,太极拳术语翻译的准确性问题是亟待解决的难题。例如,“太极”一词蕴含着丰富的哲学思想,但在部分翻译中被简单地译为“Tai Chi”或“Taiji”,未能充分揭示其阴阳调和、和谐共生的深刻内涵。这导致国际受众对太极拳的理解仅停留在表面,难以触及其核心思想。

其次,太极拳动作名称与技巧描述的翻译亦面临挑战。诸如“云手”“白鹤亮翅”等具有独特意象和象征意义的动作名称,在翻译过程中难以找到完全对应的英文表达。翻译者常采用直译或意译的方式,但往往难以完美呈现原意的精髓与美感,进而可能导致国际受众对太极拳的动作和技巧产生误解或困惑。

最后,太极拳所蕴含的哲学思想和文化精髓在翻译实践中往往面临表述偏差的风险。例如,“以柔克刚”“以静制动”等核心哲学观念,在中文语境下呈现出深邃且精练的特质。然而,当这些概念被转换为英文时,受限于语言和文化间的巨大鸿沟,很难寻找到完全契合原意的对等表达,从而无法充分传递其内在的丰富内涵。这一困境可能导致国际读者对太极拳的哲学思想产生误读或理解上的不足。

针对上述翻译中的挑战,我们应深化对太极拳语言翻译的研究,并提升翻译者的专业素养与文化素养。在翻译实践中,我们需确保原意的精确传达与完整保留,同时充分考虑到目标受众的文化背景与语言习惯,灵活采用多种翻译策略和方法;借鉴国际先进的翻译理论与实践经验,结合太极拳的独特文化属性,探索更为精准且富有生命力的翻译方式,以促进太极拳在国际范围内的有效传播与深度交流。

(三)传播渠道建设质量不高

近年来,中华优秀传统体育文化在国际传播层面存在的渠道建设质量问题逐渐显现,具体表现在以下三个维度:

首先,传播渠道的单一性显著,缺乏足够的多元化拓展。当前,传统媒体如电视、广播、报纸等仍是中华优秀传统体育文化的主要传播载体。尽管这些媒体形式在一定程度上能够触及部分国际受众,但其固有的传播方式限制了更广泛受众的覆盖。与此同时,新媒体和数字化技术的蓬勃发展,为文化传播提供了更为丰富的可能。诸如社交媒体、在线视频平台等新媒体渠道,以其传播速度快、互动性强、覆盖范围广等优势,在中华优秀传统体育文化国际传播中的潜力有待充分挖掘。

其次，传播渠道的专业性和针对性不足。目前，针对国际受众的定制化传播渠道相对匮乏，传播内容往往缺乏深入的文化解读和针对性的表达，未能充分顾及不同国家和地区受众的文化背景、语言习惯和兴趣偏好等因素。这在一定程度上削弱了传播内容对国际受众的吸引力，限制了传播效果的发挥。因此，提升传播渠道的专业性和针对性，根据目标受众的特性和需求进行精准传播，成为提升中华优秀传统体育文化国际传播效果的关键举措。

最后，传播渠道建设的系统性和连续性有待加强。当前，中华优秀传统体育文化的国际传播活动往往呈现出零散、缺乏长期规划和连续性的特点，难以形成持续有效的传播影响力。同时，与国际知名体育组织、媒体和文化机构的合作尚处于初级阶段，未能形成合力，共同推动中华优秀传统体育文化的国际传播。因此，加强传播渠道的系统性和连续性建设，制定长期规划，深化与国际合作伙伴的沟通与协作，成为提升中华优秀传统体育文化国际传播效果的重要途径。

（四）受众分析不足

中华优秀传统体育文化在国际传播中，对受众分析的不足成为制约其有效传播的一大障碍。这种不足主要体现在以下几个方面：

第一，在探索国际受众的文化背景、价值观念以及消费习惯等深层次因素方面，我们目前的努力还显得相对薄弱。由于不同国家和地区的受众在文化、观念以及消费方式等方面都存在显著的差异，这就要求我们在进行跨文化传播的过程中，必须投入更多的精力和资源来进行深入的市场调研和细致的受众分析。然而，遗憾的是，目前我们在这方面的投入显然还不够充分，这导致我们的传播内容往往难以与受众形成有效的共鸣，进而在很大程度上影响了我们的传播效果。

第二，对国际受众的需求和兴趣点的理解也存在一定的欠缺。在实际的传播工作中，我们往往缺乏对国际受众的深入调研和了解，这使得我们难以精准地把握他们的需求和兴趣所在。这样一来，我们的传播内容就很难引起受众的关注和兴趣，从而影响了传播效果。

第三，缺乏有效的受众反馈机制也是导致受众分析不足的一个重要原因。一个完善的反馈机制可以帮助我们及时了解受众对传播内容的反应和意见，从而为我们调整和优化传播策略提供有力支持。然而，目前我们在反馈机制的建设方面还存在诸多不足,导致无法及时获取受众的反馈意见,进而影响了对传播策略的改进和优化。

(五)传播影响力不强

1. 中华优秀传统体育的核心文化和核心思想“走出去”的极少

中华优秀传统体育文化,作为中华民族智慧的结晶,蕴含着丰富的文化内涵,强调身心的和谐与健康,追求个体与自然之间的和谐统一。这些深邃的思想和价值观,在现代社会仍具有重要的指导意义,但在国际传播领域却未能得到充分的展现与推广。

以气功为例,作为中华优秀传统体育文化的重要组成部分,它强调通过特定的呼吸技巧、身体活动以及意念调控,实现气血调和、阴阳平衡,进而达到修身养性的目的。然而,在国际交流中,气功往往被误解为神秘的,甚至超自然的技艺,其背后的文化理念和科学原理往往被忽视。这种片面的认知极大地限制了气功在国际上的深入传播。而中国的棋类运动,不仅具有高度的竞技性,更蕴含着深厚的文化底蕴和哲学思想。例如,围棋这一古老而智慧的棋类游戏,强调整体布局与深思熟虑的策略思考,充分展现了中国人的全局观念和独特智慧。象棋则以模拟古代战争场景的方式,巧妙地将中国的历史文化和军事智慧融入其中,使得每一场对弈都如同在演绎一段波澜壮阔的历史。然而,令人遗憾的是,在国际舞台上,这些蕴含深厚文化内涵的棋类运动同样仅被简单地视作一种娱乐游戏或竞技项目,其背后所蕴含的丰富哲学思想和文化精髓并未得到充分的挖掘与传播。

同样,在我国广袤的土地上,还孕育着诸多独具特色的民族传统体育项目。诸如蒙古族的摔跤运动,不仅展现了蒙古族人民的矫健体魄和勇敢精神,更承载着深厚的民族文化内涵。藏族的锅庄舞,以其独特的舞姿和节奏,传达着藏族人民对生活的热爱和对自然的敬畏。维吾尔族的达瓦孜,则通过高空走绳的惊险表演,展示了维吾尔族人民的智慧和勇气。由于语言不同、文化差异等多重因素的影响,它们也难以被国际社会全面了解和接受。

2. 传统体育文化仍然无法跻身当今世界主流体育文化体系

在全球化浪潮下，现代体育文化的迅猛传播与广泛融合对传统体育文化造成了显著冲击。现代体育文化凭借其竞技激烈、观赏性强以及商业化的鲜明特征，成功吸引了庞大的受众群体和资本投入，使得传统体育文化在激烈的竞争中处于相对弱势地位。

与此同时，传统体育文化自身的特性也在一定程度上制约了其国际化发展的步伐。部分传统体育项目侧重于内在修养和精神追求，而缺乏足够的竞技性和观赏性，导致它们在国际舞台上难以获得足够的关注与支持。此外，传统体育项目与现代体育在规则、技术运用以及装备配备等方面存在的显著差异，也增加了其走向国际舞台的难度。

在保护和传承方面，传统体育文化同样面临着诸多挑战。随着现代化进程的加速推进，部分传统体育项目逐渐丧失了原有的社会功能和生存环境，面临着失传的风险。此外，一些地区对传统体育文化的重视程度不足，缺乏有效的保护和传承措施，这也对其国际化进程造成了障碍。

三、国际话语权争夺与中华优秀传统体育文化

（一）中国体育国际话语权的发展历程

1. 中国体育国际话语权的意识觉醒阶段（1949—1978 年）

中国体育国际话语权觉醒历程的初步探索阶段（1949—1978 年）是一段颇具历史意义与独特性的时期。在此阶段，随着中华人民共和国的成立，体育事业得以迅猛推进，同时亦逐渐认识到在国际舞台上争取话语权的必要性。政府高度重视体育领域的发展，致力于推进体育运动的广泛普及和竞技水平的提升。在这样的时代背景下，中国体育逐步迈向国际舞台，积极参与各类国际体育赛事及交流活动。然而，受历史和政治等多重因素影响，这一阶段的中国体育在国际体育舞台上的话语权

仍显薄弱,面临诸多限制与挑战。

2. 中国体育国际话语权的缓慢发展阶段(1978—2012 年)

改革开放的春风为中国体育事业注入了新的活力。1979 年,中国在国际奥委会的合法席位正式恢复,成为中国体育史上的重要节点,标志着中国开始融入全球体育大家庭,并在国际舞台上扮演重要角色。自此,中国体育界积极参与国际体育组织的各项活动,在国际赛事中取得优异成绩,赢得了国际社会的广泛关注和高度评价,进一步提升了自身的国际影响力与话语权。同时,中国也积极加强与其他国家在体育领域的交流与合作,共同推动国际体育事业的发展。通过借鉴国际先进经验、引进优秀人才和技术,中国体育事业在不断提升自身实力的同时,也为国际体育事业的繁荣作出了积极贡献。这一时期的中国体育国际话语权演变,既是中国体育事业发展的必然结果,也是国际体育格局变化的重要体现。通过深入分析这一时期的演变历程与内涵,可以为中国体育事业的未来发展提供有益的启示和借鉴。

1990 年,中华人民共和国成功地举办了第 11 届亚洲运动会,这一盛大的体育盛事历时 15 天(9 月 22 日至 10 月 7 日),北京与秦皇岛两座城市同时举办赛事。其中,北京作为主办城市,担当核心角色,而秦皇岛则作为协办城市,为赛事的成功举办贡献了自己的力量。这是中国首次举办洲际级别的综合性体育盛事,在体育事业的发展历程中留下了浓墨重彩的一笔。开幕式上,北京工人体育场内,亚运圣火熊熊燃烧,象征着亚洲体育的辉煌与激情。本届亚运会共包含 27 个竞赛项目,其规模之宏大、项目之丰富,均达到了前所未有的高度。这场盛大的体育盛事,不仅展示了亚洲各国的体育实力,更促进了各国之间的交流。

2001 年初,北京 2008 年奥运会申办委员会向国际奥委会呈递了详尽的申办报告,此举昭示着中国正式踏上了申办 2008 年夏季奥运会的征途。同年 7 月,国际奥委会第 112 次全体会议在莫斯科盛大召开,会议的核心议题即为选定 2008 年奥运会的举办城市。在这场激烈的角逐中,北京与多伦多、巴黎、伊斯坦布尔和大阪等强劲对手同台竞技。最终,经过紧张的投票环节,北京以过半数的绝对优势荣获 56 票,成功摘得 2008 年奥运会的举办权。这一喜讯传来,全国上下欢欣鼓舞,共同庆祝这一具有历史意义的时刻。

在2008年盛夏之际,北京举办了第29届夏季奥运会,这是中国首次成为夏季奥运会的东道主。此次盛会的开幕式,独具匠心地融入了中国传统文化元素,彰显了中国悠久的历史底蕴和显著的现代化建设成就。全球各地的运动员来自204个国家和地区,他们汇聚一堂,共同展开了激烈的竞技角逐。在这一盛事中,中国代表团表现尤为突出,以傲人的51枚金牌高居榜首,成为首个在金牌榜上独占鳌头的亚洲国家,彰显了中国体育的强大实力。

在回顾这一时期中国体育的发展时,我们也必须正视其所面临的挑战。在国际体育舞台上,西方国家依然占据着主导地位,其话语权优势显著,这在一定程度上削弱了中国等发展中国家在体育领域的话语权。与此同时,中国体育内部也暴露出一些问题,如管理体制尚待完善、运动员培养机制不够成熟等,这些问题在一定程度上影响了中国体育的国际形象。

尽管如此,中国体育界并未因此气馁,而是积极寻求突破。通过深化体育体制改革,加强与国际体育界的交流与合作,中国体育展现出了一种积极开放的态度。这一时期的中国体育,其国际影响力逐渐提升,为未来的进一步发展奠定了坚实的基础。

3. 中国体育国际话语权快速提升阶段(2012年至今)

自2012年起,中国体育的国际话语权显著提升,实现了跨越式的发展,并在多个维度展现出深度参与国际体育事务的积极姿态。

在竞技层面,中国体育代表团在各类国际体育赛事中屡创佳绩。以2022年北京冬季奥运会为例,中国代表团共斩获九枚金牌,位居金牌榜第三,其中冰上项目与雪上项目均取得了卓越成绩,为中国体育在国际舞台上书写了浓墨重彩的一笔。此后,中国体育在国际赛场上的表现持续稳健,竞技实力不断得到验证与认可,显著提升了其在国际体育界的声誉与地位。

在管理层级上,中国体育正逐步从国际体育组织的边缘位置向核心位置迈进。过往,中国在国际体育组织中的影响力尚显有限。然而,近年来,众多优秀的中国体育人才开始在国际体育组织中担任关键职务,进而使中国在国际体育规则制定与决策中发挥着日益重要的作用。这一转变不仅凸显了中国体育对国际体育事务的积极参与态度,也为中国在国际体育舞台上发出更有权威的声音提供了坚实的支撑。

此外,通过举办一系列大型国际体育赛事,中国体育进一步提升了其国际话语权。以杭州亚运会与成都大运会等为例,这些大型赛事的成功举办不仅向世界展示了中国体育的卓越竞技水平与强大组织能力,同时也为中国体育在国际上树立了正面的形象。这些赛事的成功举办,不仅为中国赢得了国际体育界的广泛赞誉与尊重,也为中国体育在国际舞台上争取到了更多的话语权。

(二)中国在体育国际话语权竞争中面临的挑战

中国,作为体育领域的佼佼者,正逐步在国际舞台上崭露锋芒,然而,在争取体育国际话语权的角逐中,仍面临诸多复杂的挑战。这些挑战不仅囊括了学术研究、人才培养、文化传承以及产业发展等多个层面,而且深受国际政治格局、经济动态以及文化交流等多元化要素的深刻影响。

1. 学术方面

近年来,中国体育学术界的影响力呈现出稳健提升的态势,然而,与欧美等体育强国相较,我们仍存在显著的差距。这一差距主要体现在学术产出的数量和质量上,以及研究领域的热点分布与国际合作的深度和广度方面。

尽管中国在国际体育学术期刊上发表的论文数量在逐年攀升,但其在全球范围内的占比依然偏低。特别是在体育心理学、运动生理学等关键领域,中国的研究进展相较于国际前沿尚显滞后,这主要体现在研究内容和方法的深度与广度上。这种滞后不仅削弱了中国体育学术界的国际影响力,也削弱了其在国际舞台上的话语权,进而为中国体育学术的进一步发展带来了挑战。因此,中国体育学术界需积极寻求国际合作与交流的机会,不断提升自身的研究水平和创新能力,以期在国际体育学术领域中发挥更为重要的作用。

2. 人才方面

在国际体育组织体系中，中国的代表人数相对较少，这在一定程度上限制了中国在决策层面的话语权和影响力。为提升中国在国际体育舞台上的影响力，我们需要着力推进中国体育人才的国际化进程，使更多优秀人才能够进入国际体育组织的核心领导层。具体而言，我们需要进一步加深与国际体育组织的合作与交流，通过互访、研讨等多种形式增进相互理解；加大对体育人才的培养力度，提供丰富多样的培训资源和发展机会，助力他们提升国际竞争力；鼓励中国体育人才积极参与国际体育赛事的策划与实施工作，通过实践锻炼提升其在国际体育领域的影响力和话语权。通过这些举措，我们有望在国际体育组织中增加中国代表的数量，进而提升中国在国际体育事务中的决策影响力。

3. 文化方面

尽管中国在国际体育竞技领域取得了显著成绩，但中国特色体育文化的国际传播与认知程度仍显不足。这一问题主要表现在文化层面的影响力尚需提升，未能全面展现其独特魅力和价值。为了提升中国特色体育文化的国际传播效果，我们需积极探寻多元化的传播路径。

具体而言，深化与国际媒体的合作是一条切实有效的途径。通过利用多样化的传播渠道，我们可以广泛宣传和推广中国特色体育文化，进而促进国际社会对其的了解与认同。此外，举办国际性的体育赛事和文化交流活动也具有重要意义。这些活动不仅能够吸引更多外国友人的参与和体验，还能为中外文化交流搭建起一座坚实的桥梁，从而推动中国特色体育文化的国际传播与认知度的提升。

4. 产业方面

国际体育产业竞争力的强弱，对于一国在体育领域内的国际话语权具有显著影响。近年来，尽管中国的体育产业实现了迅猛的发展，但与部分发达国家相比，仍显露出产业结构不够优化、创新能力有待提升等短板。

为有效提升我国体育产业的国际竞争力，有必要实施一系列针对性措施。首先，政府应加大政策扶持力度，为企业创新研发提供更为有力的政策支持，激励企业增加对体育产品研发的投入，促进体育产品的创新与技术的更新换代。其次，应积极推进我国体育产业与国际体育产业的合作与交流，通过引进国外先进的管理经验和运营模式，为我国体育产业的全面发展注入新的活力，进而提升我国体育产业的整体竞争力。

5. 国际环境方面

政治局势、经济格局以及文化多样性等因素，均可能深刻影响体育领域的国际话语权分配。在纷繁复杂的国际环境中，各国间的政治较量与经济角逐，无疑对体育国际话语权的形成与变动产生了不容小觑的影响。因此，在推进我国体育国际话语权提升的过程中，我们必须全面审视这些多元因素，并据此制定切实有效的策略。

具体而言，我国可积极建立与各国间的友好关系，通过外交渠道推动体育领域的交流与合作，以促进国际社会对中国的理解与认同。此外，我们还应积极参与国际体育事务的决策与治理过程，通过贡献中国智慧与力量，提升中国在国际体育舞台上的地位与影响力，进而为提升体育国际话语权奠定坚实基础。

第四节　文化自信视野下中华优秀传统体育文化的国际传播对策

一、创新中国体育国际传播体制

在新时代的背景下，推动中国体育国际传播的创新与发展是一项系统且复杂的工程，它要求我们在多个层面进行深入的探索与革新。这并非仅仅局限于传播技巧层面的问题，更是关于如何高效展示中国体育的独特形象，以及提升其国际影响力的重大议题。

第一，我们必须革新传播理念。在全球化的时代背景下，尤其是在

“一带一路”倡议的引领下，传统的、局限于国内视野的体育传播观念已无法满足当代发展需求，我们亟须构建一种具备全球视野的战略布局，将国际传播置于体育事业发展的核心位置，并使之成为整体战略规划不可或缺的一环。这就要求我们深化对国际受众需求与兴趣的认知，秉持更为开放与包容的心态，积极推动中国体育文化的国际化传播。

第二，提升传播策略的有效性显得尤为关键。具体而言，需要精心策划并推行一套精准度高的国际传播战略，充分适应并迎合不同国家和地区独特的文化脉络与受众偏好，从而选择更具针对性的传播内容。积极深化与国际体育组织的沟通与协作，全面参与国际体育事务的探讨与实践，以此强化中国在国际体育领域中的话语主导力与广泛影响力。借助现代科技手段，如大数据、人工智能等，实现精准推送，提升传播效果。

第三，拓展传播渠道亦是关键所在。除了传统的电视、广播、报纸等媒体渠道外，我们还应充分利用互联网、社交媒体等新媒体平台，构建多元化、全媒体的传播格局。这些新媒体平台具有传播速度快、互动性强等优势，有助于更有效地吸引国际受众的关注和参与。同时，加强与国际主流媒体的合作，借助其全球传播网络，提高中国体育的国际知名度。

第四，深化传播内容的层次与内涵不容忽视。在全面报道体育赛事的基础上，我们需进一步挖掘并展现中国体育文化的深厚底蕴与独特魅力。这包括追溯中国体育的历史传统，阐释其内在的价值观念，以及揭示其中蕴含的丰富人文精神。同时，对体育人物和体育故事的深度报道同样重要，它们将助力国际受众更全面地理解中国体育的生动实践与感人故事。

第五，专业化传播队伍的建设对于保障中国体育文化传播的创新发展具有至关重要的作用。我们致力于培养一支具备国际视野、专业素养和跨文化沟通能力的体育传播队伍。通过引进国内外优秀人才、定期举办专业培训等措施，提升传播队伍的整体素质和能力水平。这支队伍不仅需要具备扎实的体育传播专业知识和技能，还需具备敏锐的国际视野和出色的跨文化沟通能力，以便更好地将中国体育的声音和形象传递给世界。

二、加大政府对体育国际传播的资金投入力度

在全球化趋势不断深化的背景下，体育作为一种具有普遍性的国际交流媒介，正日益凸显其在国际交流与合作中的重要地位。中国，作为世界体育大国之一，正致力于通过加大体育的国际传播力度，进一步提升其在全球范围内的综合影响力。在这一进程中，政府的资金投入有着举足轻重的支撑作用。

（一）设立专项资金支持体育国际传播

鉴于体育国际传播在提升国家形象与文化软实力中的重要作用，政府应设立专项经费，旨在为体育国际传播活动提供持续稳定的资金支持。此项专项资金可专门用于扶持体育媒体机构的运营与发展、体育赛事活动筹备与实施，以及体育文化交流项目的策划与推广。专项资金的精准投入，将有效促进体育国际传播内容的提质升级。资金可用于支持体育媒体机构制作更多高质量的体育报道和节目，提高国际社会对中国体育的认知度和关注度。同时，体育赛事组织者也可利用专项资金提升赛事品质，提升国际竞争力，吸引更多国际观众关注中国体育赛事。此外，体育文化交流项目也可通过专项资金的资助，推动中国体育文化与国际社会的交流与融合，展示中国体育的独特魅力。

（二）优化资金投入结构，实现全面发展

从资金配置的战略视角出发，政府应针对体育国际传播的实际需求，对资金投入结构实施科学且合理的优化举措。具体而言，一方面，政府应重点关注对大型国际体育赛事举办与宣传的资金投入，以此为契机，有效促进我国在国际体育舞台上的形象塑造与影响力提升；另一方面，政府亦应加强对基层体育组织及民间体育交流活动的资金扶持，进而推动体育文化的广泛传播与深入普及。

除此之外，政府还需加大对体育文化传播与体育产业发展等领域的资金投入力度，通过支持体育文化的多元化传播，促进体育产业的创新发展与转型升级，从而实现体育国际传播事业的全面进步与持续繁荣。

通过这些举措,政府能够更有效地配置资金资源,推动体育国际传播事业的发展,进一步提升我国在国际体育领域的地位与影响力。

(三)鼓励社会资本参与,形成多元投入格局

在推进体育国际传播的过程中,政府应积极发挥其在政策制定与实施中的导向作用,通过出台一系列引导政策和税收优惠政策,有效激发社会资本对体育国际传播活动的参与热情。同时,应积极吸引包括企业在内的各类社会组织等多元主体共同投入,形成由政府主导、市场运作的体育国际传播新格局。这种模式的实施,不仅能够为体育国际传播活动提供更为丰富和稳定的资金来源,进一步拓宽传播渠道,提升传播效果;而且,还能够有效推动体育产业的蓬勃发展,促进体育消费,实现经济效益与社会效益的协同提升。通过政府与市场力量的有机结合,体育国际传播将呈现出更加多元化、高效化和专业化的特点,为提升国家文化软实力和国际影响力发挥积极作用。

(四)加强资金监管与绩效评估,确保投入效果

为了保障资金运用的明晰性和实效性,政府应构建一套完善的资金监管体系。该体系旨在定期对体育国际传播资金的运用情况进行深度审核与细致核查,以确保资金使用的精准性与高效性。此外,还应建立一套科学的绩效评估机制,对体育国际传播项目的实施效果进行客观且量化的评价。基于评估结果,政府应及时调整资金投入策略,优化资金配置结构,确保每一笔投入都能实现最大化的效益产出。

三、提升中国体育的国际话语权

(一)积极参与制定体育赛事规则,主动承担大国责任

在国际体育赛事规则制定的进程中,中国正展现出积极的参与态度与坚实的大国担当,这不仅是其国际体育舞台角色的自然体现,更是对全球体育事业健康发展的有力助推。加强与国际体育机构的协作与对

话，对于中国而言具有重大意义。此举不仅有助于增强体育赛事规则的公正性与科学性，更能确保竞赛的激烈程度和观赏价值的提升。中国应主动融入国际体育交流体系，积极争取在国际舞台上拥有更多的话语权与更大的决策影响力，从而进一步巩固和提升自身的国际地位。

作为世界大国，中国应坚决抵制任何形式的歧视与不公，致力于增强体育赛事规则的公平性与公正性，并尊重每一位运动员的尊严与权益。在国际体育赛事的组织与协调工作中，中国应发挥核心作用，积极向发展中国家提供资金、技术与人才等方面的支持，助力国际体育事业的均衡与全面发展。

在国内层面，中国需进一步完善体育赛事规则体系，提升赛事的规范化和专业化水平，为运动员创造一个更加公平、透明的竞赛环境。此外，中国还应积极提升体育的国际形象与声誉，通过举办一系列高水平赛事和广泛宣传国家体育事业的成就，赢得国际社会的广泛认可与赞誉，进而推动中国体育事业的持续、健康发展。

（二）创新国际体育组织高层次人才培养模式

在国际体育领域，推进高层次人才培养模式的革新是一项既复杂又紧迫的课题，它需要从多个层面进行深度剖析与实践探索。以下将针对该议题提出若干具体策略，以期提升人才培养的成效，并向国际体育组织输送更多卓越的精英人才。

第一，确立清晰且具针对性的培养目标至关重要。针对国际体育组织对高层次人才的特定需求，我们应设定明确且具体的人才培育方向。这些人才不仅要掌握扎实的体育专业知识，还需具备丰富的国际体育组织实践经验和卓越的管理能力。同时，还应拓宽他们的国际视野，提升跨文化沟通的能力，以适应国际体育组织工作的多元化和全球化特征。

第二，优化课程体系是实现上述培养目标的关键环节。在构建课程体系时，我们应注重与国际前沿接轨，引入国际先进的体育组织管理理念和实践案例。通过与国际知名体育院校和研究机构开展深度合作，共同研发符合国际标准的课程体系。此外，强化外语教学和跨文化沟通能力的训练同样不可或缺，以确保学生能够熟练掌握国际体育组织的通用语言和工作规范，为未来的国际体育组织工作奠定坚实基础。

第三，实践教学环节在高层次体育人才培养过程中举足轻重。实践教学能够促使学生将理论知识转化为实践操作的能力，进而提升他们的问题解决能力与创新能力。为此，我们应积极与国际体育组织合作，为学生提供多元化的实践机会，如参与国际体育赛事的策划、管理与执行等实际工作。同时，通过开展模拟项目与案例分析等教学活动，使学生在模拟的体育环境中锻炼实际操作技能，增强解决实际问题的能力。

第四，建设一支卓越的师资队伍对于高层次体育人才的培养具有至关重要的意义。为了达成这一目标，我们应积极引进那些在国际体育组织领域具有丰富实践经验的专家和学者。这些专家与学者不仅具备深厚的体育专业理论知识，而且拥有广泛的实践经验，能够为学生提供具有针对性的建议和指导；大力鼓励本校教师主动参与国际交流与合作，以拓宽其国际化视野，从而进行更加全面、深入的教育与培训；建立科学合理的导师制度，为学生提供个性化的指导与帮助，促进其全面、均衡发展。通过这一系列举措，我们能够构建一支高水平、专业化的师资队伍，为高层次体育人才的培养提供有力保障。

第五，构建完善的评价体系是评估人才培养成效的核心尺度。为确保评价的科学性、公正性与全面性，我们应建立一套行之有效的评估机制，对学生的学习成效、实践技能，以及国际认知视野等方面实施多维度评价。通过整合定量分析与定性评估的多元化手段，我们能够深入洞察学生的综合素质及能力层级。此外，强化过程评价与反馈机制的构建亦至关重要，以便及时发现潜在问题并作出针对性改进，从而确保人才培养质量稳步提升。

第六，加强国际合作与交流是培育卓越体育人才的关键举措。通过与世界顶尖的体育学府、研究机构等建立稳固的合作关系，共同策划并推进人才培养项目、学术研讨活动等，我们能够引进前沿的教育理念与实践方法，进一步拓宽学生的国际视野并丰富其人际网络。此种合作模式不仅有助于提升人才培养的层次与质量，更可推动国际体育界的深度交流与合作，共同促进全球体育事业的蓬勃发展。

四、增加中国体育国际传播的信息量、时效性和亲和力

在全球化的宏观语境下，中国体育的国际传播显得尤为关键。为有效提升中国体育的国际形象，并提升其全球感召力，下面提出从信息量、时效性及亲和力三个维度进行优化策略。

首先,信息量的增加至关重要。深入挖掘体育内容的丰富内涵,不仅要关注赛事的胜负结果,更应揭示运动员背后的生动故事,包括其日常训练、生活琐事及心理状态等。通过全方位、多维度的报道方式,为公众展现一个更为立体、生动的运动员形象。此外,应重视体育产业发展、政策变迁等宏观层面的报道,以提供全面的体育资讯,满足公众对体育信息的多元化需求。

其次,时效性的增强是提升中国体育国际传播效果的关键环节。提倡深度挖掘社交媒体、短视频平台等新媒体渠道的潜力,以实现体育新闻及赛事信息的即时更新,加速信息流通,确保全球观众能够迅速捕捉中国体育的最新发展动态。构建高效的快速响应体系,以便在重大赛事或突发事件发生时,迅速集结报道团队,占据信息传播的制高点。

最后,提升传播内容的亲和力对于提升中国体育的国际传播效果具有不可忽视的作用。通过深入挖掘运动员的奋斗历程、感人故事等富有人性化的内容,触发观众的情感共鸣,进而使其更加深入地理解中国体育的精神内核;通过社交媒体等平台,实现与观众的实时互动,解答疑惑,收集反馈,从而构建与观众之间的紧密情感纽带。这种互动与交流有助于深化观众对中国体育的认同感和归属感,并为传播策略的优化提供有益的参考和启示。

五、实现中国体育国际传播影视产品多样化

在中国体育国际传播领域,实现影视产品多样化是一项充满复杂性和挑战性的使命。这就要求我们从多元的视角进行深刻思考和缜密策划,以促进中国体育国际传播影视产品实现多元化的战略转型和创新发展。具体而言,以下几个维度将成为我们努力推动影视产品多样化的重要着力点。

(一)丰富内容类型,展现体育的多元魅力

首先,我们可以策划并制作一系列涵盖各类体育项目的纪录片,旨在全面展示中国体育的丰富历史、独特文化以及当前的蓬勃发展态势。这些纪录片应深入挖掘体育背后的故事,通过生动的画面和感人的叙述,展现运动员们不屈不挠的拼搏精神和坚韧不拔的意志品质,从而激

发广大观众对体育运动的热情与兴趣。

其次,我们应加强对国内外重大体育赛事的直播与转播,特别是奥运会、世界杯等具有全球影响力的赛事,以及中国自主举办的各类体育赛事。通过提供高质量的画面呈现和流畅的播放体验,为观众营造一种身临其境的观赛氛围,使他们能够充分感受到比赛的激情与紧张氛围。

最后,我们可积极邀请在体育界享有盛誉的明星运动员、资深教练以及行业权威专家等参与深度访谈。这些访谈旨在分享他们在体育领域的丰富经验、独到见解以及个人感受,为观众呈现更为真实、生动的体育世界。还可策划制作一系列专题报道,围绕体育领域中的热点问题展开深入剖析与探讨。这些报道将结合专家观点、数据分析以及实地采访等多种手段,为观众呈现一个全面、立体的体育世界。通过专题报道的引导,观众能够更加深入地了解体育的各个方面,从而引起他们对体育的深入思考与持续关注。

(二)创新制作形式,吸引年轻观众的目光

在新媒体时代背景下,体育影视作品的制作与传播正迎来前所未有的机遇与挑战。通过运用短视频、微电影等新型媒介形式,我们能够创造出更加短小精悍、内容丰富的体育影视作品,以更灵活、更直观的方式展现体育运动的魅力与精神内核。为吸引广大年轻观众群体的目光,我们应对体育影视作品进行精心制作。挖掘体育故事背后蕴含的深刻情感与独特价值,并巧妙结合富有创意的叙事技巧与引人入胜的视觉表达,我们能够有效提升体育影视作品的社会影响力和文化传播效能,进而实现更为广泛的传播效果。

在当前的科技浪潮中,VR 与 AR 技术的持续进步,也使体育影视作品的创作有了前所未有的革新。这些前沿技术的运用,极大地丰富了体育影视作品的制作手法,为观众带来了更为真实、生动的视觉体验。借助 VR 与 AR 技术,我们能够精准地模拟出各类体育比赛的场景与氛围,使观众仿佛置身于比赛现场,亲身感受那份激动人心的竞技氛围。这种沉浸式的观影体验,极大地提升了观众的参与感和代入感,使他们能够更为深入地理解和体验体育比赛的魅力。这种沉浸式的观赛体验不仅能够提升观众的满意度和忠诚度,还能够推动体育影视技术的不断创新

与发展。

（三）拓宽国际视野，促进文化交流与理解

在全球化背景下，深化与国际体育传播机构的合作与交流成为提升我国体育影视作品质量的重要途径。通过积极引进国外优质的体育影视资源和技术经验，我们能够拓宽创作视野，吸收并借鉴国际先进的制作理念与技术手段，进而推动我国体育影视产业的创新发展。在国际舞台上积极推广中国体育影视作品，并促使其融入全球市场竞争与对话之中，则是提升我国体育国际地位及影响力的核心策略。在国际平台上充分展示中国体育影视作品的独特风采，我们不仅能够凸显中国体育文化的深厚底蕴与迷人魅力，更能够进一步巩固和强化我国在国际体育领域中的话语权及竞争优势。

在创作实践中，强调融入多元文化要素，全面展示不同地域和国家在体育领域的独特风貌与文化内涵，对于提升体育影视作品的国际吸引力也具有举足轻重的作用。通过展现丰富多彩的体育景象和文化特色，我们能够有效促进国际文化的交流与理解，从而增进各国人民之间的深厚友谊与广泛合作。

（四）优化产业链布局，提升产业整体效率

优化体育影视产业链布局，深化产业链内部各个环节的衔接与协作，涵盖从创意策划、内容制作、市场推广到服务运营的全链条。通过整合优势资源，优化资源配置，我们可以进一步提升体育影视产业的整体运行效率和市场竞争力，促进产业稳健而可持续的发展。

增强对体育影视领域专业人才的培育与引进力度，特别是针对编剧、导演、摄影师、剪辑师等关键岗位人才的培养。通过组织专业培训班、召开行业研讨会等，全面提升人才的专业技能和创新能力。这些专业人才作为体育影视产业的核心竞争力，其专业素养和创新能力的提升将直接反映在作品的质量与影响力上，对产业的健康发展起到至关重要的作用。

第五节 基于孔子学院平台传播中华优秀传统体育文化

一、孔子学院概述

自2004年11月21日,全球首家孔子学院在韩国首尔成功设立以来,孔子学院作为推广汉语和传播中国文化的重要平台,其影响力日益扩大。至2017年底,全球范围内已有525所孔子学院及1113个孔子课堂分布于146个国家(地区),其中亚洲地区33国(地区)设立118所,非洲地区39国设立54所,欧洲地区41国设立173所,美洲地区21国设立161所,大洋洲地区4国设立19所。随着时间的推移,孔子学院的数量仍处于持续增长中。

在全球化的时代背景下,孔子学院作为国家对外汉语教学领导小组办公室所设立的国际教育机构,承担着推广汉语语言教育、弘扬中华传统文化与国学精髓,以及深化中外教育文化互动与交流的重要使命。它并非传统意义上的高等教育学府,而是一种通过国际合作机制构建的非营利性教育合作平台,旨在回应世界各国(地区)民众对汉语学习的殷切需求,增进对中华语言文化的全面认知,进一步推动中外教育文化的深度交流与合作,为构建人类命运共同体与和谐世界贡献力量。

孔子学院在汉语教学推广以及中外教育文化交流领域发挥着举足轻重的作用。其服务范畴广泛而深入,不仅涵盖汉语语言教学的开展与普及,还涉及汉语教师的专业培训与素质提升,提供丰富多样的汉语教学资源与支持,组织并管理汉语水平考试及汉语教师资格认证工作,提供关于中国教育文化的信息咨询服务,以及策划举办形式多样的中外语言文化交流活动等。这些举措不仅有效推动了汉语的国际传播,也促进了不同文化间的相互理解与尊重,为构建开放包容的国际教育文化环境奠定了坚实基础。尤为值得一提的是,孔子学院致力于为全球汉语学习者提供规范的现代汉语教材,并提供最正规、最主要的汉语教学渠道,从而为世界各地的汉语学习者提供优质的汉语教育服务。

二、孔子学院与中华优秀传统体育文化

孔子学院作为弘扬汉语及中华文化的教育机构，在推动中华优秀传统体育文化的全球化进程中扮演着举足轻重的角色。其核心理念在于通过教育交流，提升世界各国对中国语言文化的理解水平，同时加强中国与国际教育文化领域的合作与交流。在这一过程中，孔子学院不仅承载着传承与弘扬中华优秀传统文化的历史使命，更在推动中华优秀传统体育文化与现代体育理念相结合、实现文化创新与发展方面发挥着积极作用。

具体而言，孔子学院通过举办各类体育文化活动、开设体育课程、组织体育交流等方式，将中华优秀传统体育文化融入国际教育的大家庭中。这些活动不仅丰富了孔子学院的教学内容，也提升了学生对中华文化的兴趣和认同感。同时，孔子学院还积极与国际体育组织、教育机构等开展合作，共同推动中华优秀传统体育文化在全球范围内的传播与发展。

在孔子学院的教育实践中，中华优秀传统体育文化通过多种途径得以广泛传播与深入推广。一方面，孔子学院积极开设体育课程、组织体育赛事以及举办文化交流活动，以此向海外学生展现中国传统体育项目的技艺精髓、文化内涵及精神价值。这些举措不仅有助于学生领略中国传统体育文化的独特魅力，更有助于全面深化他们对中国文化的整体理解。另一方面，学院在推进中华优秀传统体育文化的研究与传播方面，积极采取学术研究、教材编纂以及国际合作等多重路径，深入挖掘并系统梳理其精髓要义，旨在实现与现代体育教育理念的深度融合。这些举措不仅显著提升了中华优秀传统体育文化在国际舞台上的影响力与竞争力，同时也为孔子学院的教学实践提供了更为丰富的素材与资源支持。

此外，孔子学院亦致力于培养具备国际视野和跨文化交际能力的体育人才，以此为中华优秀传统体育文化的传承与发展注入新的活力。这些人才不仅能够在国际舞台上展现中国传统体育文化的独特魅力，更能成为推动中外体育文化交流互鉴的重要桥梁与纽带。通过上述努力，孔子学院在弘扬中华优秀传统体育文化方面发挥了重要作用，既丰富了教学内容与形式，也有效提升了中国文化的国际影响力与认同感。

三、基于孔子学院平台的中华优秀传统体育文化国际传播路径

（一）优选中华优秀传统体育项目

中华优秀传统体育项目，作为民族文化的重要载体，每一种都蕴藏着深厚的文化底蕴与民族智慧。其中，部分项目不仅在国内享有盛誉，更在国际舞台上展现出独特的魅力。为有效推动中华体育文化的传承与发展，我们应筛选出具备显著优势和潜力的项目，作为重点培育与发展的对象。

武术作为中华优秀传统体育项目中的璀璨明珠，历来备受瞩目。其历史悠久，底蕴深厚，涵盖了哲学、医学、艺术等多学科元素。武术不仅技击性高，更能强身健体、磨练意志品质和提升心理素质。为进一步推广武术运动，我们应加大武术在国际舞台上的传播力度，举办多样化的武术比赛与表演活动，以提升中国武术的国际影响力。同时，还应积极在学校和社区推广武术课程，让更多人了解武术文化并参与到武术运动中来。

太极拳，作为中华优秀传统体育项目中的璀璨明珠，凭借其别具一格的运动形式与养生理念，赢得了广大民众的青睐。太极拳注重身心并重，强调以柔克刚的策略与以静制动的智慧，对于调节身心状态、提升免疫能力具有显著成效。为进一步扩大太极拳的受众范围，我们应积极举办太极拳培训班及养生知识讲座，深入普及太极拳的核心理念与技巧，吸引更多民众投身其中。此外，还可考虑在公园、广场等公共活动场所设置太极拳练习区域，为市民提供便捷、舒适的锻炼环境。

棋类运动作为中华优秀传统体育项目中的另一瑰宝，同样蕴含着丰富的文化底蕴。中国象棋、围棋等棋类运动不仅有助于培养个体的逻辑思维能力，还能提升智力水平。为推动棋类运动的广泛普及与发展，我们应积极策划并举办各类棋类赛事与活动，提升棋类运动的影响力。同时，还应在教育领域加大棋类运动的推广力度，将棋类课程纳入学校教学计划，从小培养青少年对棋类运动的兴趣与热情。

当然，还有许多其他具有特色的中华优秀传统体育项目值得我们关注和发展。例如，龙舟竞渡以其深厚的文化内涵和团队协作的拼搏精

神，成为中国传统文化的重要象征；空竹则以其技巧性、表演性和娱乐性等特质，展现了独特的艺术风采；舞狮作为民俗表演的代表，充满了浓厚的喜庆氛围和鲜明的民族特色；踢毽子则以其简单易学、趣味盎然的特点，吸引了各年龄层人群的广泛参与。这些传统体育项目不仅承载着丰富的文化底蕴，更凸显了中华民族的精神风貌。

为了进一步推广和发展这些项目，我们需要采取多种策略。一方面，通过加大宣传和推广力度，结合现代科技手段进行创新，使更多人能够认识和接触到这些体育项目。例如，利用互联网平台开展在线教学和培训活动，使学习者能够随时随地掌握相关技能；借助虚拟现实技术，为参与者提供沉浸式的运动体验，仿佛置身于传统的运动场景中；运用大数据分析技术，对运动员的训练和比赛进行科学指导和评估，以提高其运动水平和竞技成绩。另一方面，我们也应该积极主动地去寻找机会，与国际体育组织进行深度的合作与交流。这样的合作不仅可以将那些充满中华特色的体育项目推向国际舞台，更能让世界各地的人们领略到中华文化的独特魅力。通过精心策划和组织一系列国际性的比赛和活动，我们可以吸引更多的外国运动员和观众参与其中，从而增进他们对中华文化的认识和了解，提升他们对中华文化的认同感和归属感。

然而，在推广和发展这些传统体育项目的过程中，我们必须时刻保持警惕，预防过度商业化和扭曲变形的风险。我们要尊重和保护传统文化的原真性，避免因为过度开发而让文化失真，失去了其原本的魅力和价值。同时，高度重视运动员的身心健康和全面发展，确保他们在参与比赛和活动的过程中能够得到充分的保障和关注。只有在保持传统特色的基础上不断进行创新和发展，我们才能让中华优秀传统体育项目在新的时代背景下焕发出更加迷人的光彩，为中华文化的传承和发展贡献更多的力量。

（二）培养中华优秀传统体育人才

1. 中华优秀传统体育人才培养的师资构成

（1）孔子学院在致力于推广中华优秀传统体育文化的过程中，特别注重选拔并派遣国内具备深厚专业背景和丰富教学经验的民族传统体育教师前往海外执教。为了确保教师能够胜任这一重要任务,孔子学院加大了教师的培训和指导力度,通过组织专门的培训课程,不断提升他们对中华优秀传统体育文化的认知和教学能力。同时,孔子学院还积极与海外合作院校共同制订教学计划,与当地文化机构紧密合作,为教师提供丰富的实践机会;高度重视教师的考核与评估工作,通过持续提升教学水平和服务质量,确保能够为学生提供更优质的教育服务。

(2)在培养海外民族传统体育专业教师方面,孔子学院同样倾注了大量的心血。他们积极选拔那些对中华优秀传统体育文化充满热情并具备潜力的候选人,并对他们进行全面的中华优秀传统体育文化培训。培训体系不仅涵盖了理论知识的传授,还包括了技能的学习和教学方法的掌握。为了让教师更好地了解中华优秀传统体育文化,孔子学院组织他们赴国内进行实地考察和教学实践,并鼓励他们积极参与国际交流活动;积极与国内高校合作,为优秀的教师提供攻读学位的机会,以进一步提升他们的专业素养;建立评价与反馈机制,不断完善培养方案,以提高培养质量。

2. 中华优秀传统体育人才培养的策略

孔子学院,作为中华传统文化之精髓弘扬与传播的重要机构,肩负着培育中华优秀传统体育人才的重要使命。为了全面促进中华优秀传统体育人才的成长与进步,孔子学院应当从以下几个维度,系统地开展策略性的工作部署。

(1)加强师资培训与专业化发展

针对中华优秀传统体育人才的培养,孔子学院需强化师资培训与专业化发展。通过定期开展师资培训、研讨会等活动,提升教师的教学能力。鼓励教师参与国内外学术交流,更新教学理念和方法,提高教学质量。孔子学院可邀请传统体育领域的专家与学者举办讲座,拓宽教师视野,深化专业知识学习。

(2)积极开展文化交流与合作项目

孔子学院作为国际交流的桥梁,应深入挖掘并充分利用其平台优势,积极策划与实施中华优秀传统体育文化的国际交流与合作项目。通过组织多样化的国际赛事、文化交流节等活动,为中华优秀传统体育人才搭建展示才华与思想交流的平台,从而吸引更多国际友人的目光,并激发他们的参与热情,共同探索中华优秀传统体育的魅力。此举不仅能够有效提升中华优秀传统体育的国际认知度与影响力,还能有力促进中华文化的全球化传播与交流,推动不同文化之间的互鉴与融合。

(3)注重实践体验与海外实习

孔子学院应当精心策划一系列丰富多样的实践活动,让学生亲身感受到中华优秀传统体育文化的独特魅力,从而进一步增强他们对传统文化的认同感和归属感。[①] 具体来说,可以组织学生参与实地考察活动,让他们深入体验中华优秀传统体育文化的独特氛围和深厚底蕴;举办各类民间体育竞技活动,让学生在竞技中领略到体育文化的乐趣与内涵。

同时,孔子学院还应积极寻求与国外相关机构的合作机会,为学生提供海外实习的平台,让他们能够亲身参与到国际文化交流的过程中,深入学习和传承中华优秀传统体育文化。这样的举措不仅有助于提升学生的综合素质和跨文化交际能力,更能推动中华优秀传统体育文化在国际舞台上得到更广泛的传播与发展,从而增进世界人民对中华文化的了解与认同。

(4)建立科学的评价与激励机制

在优化中华优秀传统体育人才的培养机制方面,孔子学院应当积极构建一套全面且科学的评价与激励机制。这一机制旨在定期对人才培养的效果进行细致的剖析与评估,以确保教育工作的质量和效益,并通过设立专项奖学金、举办优秀学生评选活动等多种方式,充分激发学生学习中华优秀传统体育文化的积极性,并鼓励他们在实际操作中取得更加出色的成绩。

对于那些在中华优秀传统体育文化传承与发展中作出卓越贡献的教师和学生,孔子学院也应给予充分的表彰和奖励,以肯定他们的辛勤付出和显著成就。这样的举措不仅能够有效提升师生们的参与热情,还能够在孔子学院内部营造一种积极向上、充满活力的学习氛围和文化传承环境。这将有助于推动中华优秀传统体育文化的不断发展和繁荣,使其在全球范围内得到更广泛的传播和应用。

① 杨彦杰.民族传统体育文化的传承与发展分析[J].中国民族博览,2022(2):111-113.

（5）鼓励科研引领与创新驱动

孔子学院应致力于推动相关科研工作的深入开展，通过系统剖析中华优秀传统体育文化的精髓与独特价值，为高层次体育人才的培养奠定坚实的理论基础。同时，孔子学院应激励广大教师与学生在继承传统的基础上，勇于进行创新性探索，积极研发中华优秀传统体育项目的新颖形式与丰富内容，从而推动其在当代社会中的广泛传播与实际应用。此种以科研为先导、以创新为驱动的发展策略，将有效加快中华优秀传统体育文化的现代化进程，并显著提升其在国际舞台上的竞争实力。

（三）构建中华优秀传统体育传播体系

孔子学院在传播中华优秀传统体育文化的进程中，可以从多个层面进行扩展和优化。

孔子学院为了满足海外学子对中华文化的探索欲望，精心策划了一系列中华优秀传统体育课程。这些课程不仅包含了武术、太极等经典项目，还融入了龙舟竞渡、舞狮等独具特色的活动，旨在通过亲身体验，让学生更深入地领略中华文化的博大精深。在教材编制方面，注重广博性与实用性的结合，既展现了中华文化的丰富内涵，又充分考虑了当地的文化需求，让学生在轻松愉快的氛围中感悟中华文化的底蕴。同时孔子学院力求教材语言简洁明了，便于学生理解掌握。

为了拓宽传播渠道，提高传播效率，孔子学院积极利用现代科技手段，如互联网和社交媒体等，搭建线上传播平台，发布丰富的课程视频和教学资料，方便学生随时随地进行学习。同时，建立线上互动社区，为学生提供一个交流心得、展示成果的平台，促进彼此之间的交流与合作，共同推动中华优秀传统体育的传播与发展。

为了进一步扩大中华优秀传统体育的影响力，孔子学院还积极寻求与其他文化、教育机构的合作机会。我们希望通过合作项目和文化交流活动等形式，让更多的海外人士亲身体验中华体育的魅力，从而增进对中华文化的认识与了解。我们相信，通过这些努力，中华优秀传统体育将在海外得到更广泛的传播和发展。

第七章 以中华优秀传统体育文化培育文化自信的科学策略

深入剖析通过中华传统体育文化培育文化自信的科学策略，既是对悠久文化传统的致敬与继承，又是对当代社会的有力推动与积极贡献。本章聚焦于增强中华传统体育文化软实力、依托学校教育体系培养新一代的文化自信，以及通过产业化道路提升体育文化产业的核心竞争力等三大核心领域展开探讨。并在此基础上，进一步探讨如何将这些策略有效转化为具体行动，以确保其在实际操作中能够充分发挥其应有的价值与效能。

第一节　整体提升中华优秀传统体育文化软实力

一、体育文化软实力概述

体育文化软实力，实质上指的是一个国家在体育领域内所蕴含的文化底蕴与核心价值观念，包括其体育发展模式的构建、制度体系的完善以及民族传统体育文化的传承与发扬。这些文化因素在国内发挥着引领方向、凝聚人心、激发活力的作用，同时也在国际舞台上展现出独特的渗透力、吸引力与说服力。作为国家体育总体实力的关键组成部分，体育文化软实力在提升国家文化软实力和国家综合竞争力方面扮演着不可或缺的角色。

（一）体育文化软实力的来源

体育文化软实力作为一种综合性的力量，其来源具有多样性，主要涵盖了体育核心价值观、民族传统体育文化、国家体育形象、国际体育话语权以及体育文化产业等多个维度。这些维度相互交织、相互渗透，共同构筑了体育文化软实力的丰富内涵，并赋予其无形竞争性和文化深层性的特质。[①]

体育核心价值观作为体育文化软实力的核心要素，它深刻反映了一个国家、一个民族在体育领域的价值追求和精神风貌。这种价值观不仅深深影响着运动员的竞技精神、职业态度和道德标准，也广泛塑造着社会公众对体育的认知和态度。诸如追求卓越、尊重对手、公平竞争等体育核心价值观，已逐渐成为现代社会普遍认同的道德标准和行为规范。

民族传统体育文化作为体育文化软实力的重要组成部分，它承载着各民族独特的体育传统和习俗。这些传统体育文化不仅是民族文化的

---

① 王建．体育文化软实力的作用机制[J]．江西社会科学，2015，35（12）：234-239.

瑰宝,也是维系民族认同感和归属感的重要纽带。通过深入挖掘和传承民族传统体育文化,不仅能够弘扬民族文化,也能够增强民族凝聚力和向心力。

国家体育形象是体育文化软实力在国际舞台上的直观展现。一个积极健康的国家体育形象能够显著提升国家的国际地位和影响力,吸引更多的国际关注和支持。以中国为例,近年来在体育领域的迅猛发展和卓越成就,不仅提升了国家的国际地位,也赢得了更多国际投资和合作机会。

国际体育话语权作为体育文化软实力的重要体现,它关乎一个国家在国际体育事务中的发言权和影响力。拥有国际体育话语权,意味着一个国家能够深度参与并主导国际体育规则的制定与解读,从而在国际舞台上彰显其独特的地位和影响力。中国在国际体育组织中的活跃身影与卓越贡献,正是其努力提升国际体育话语权、积极塑造正面国家形象的生动例证。

体育文化产业作为提升体育文化软实力的重要基石,其繁荣发展不仅能够有效创造经济价值,更能助力文化交流与传播。通过精心策划与举办各类体育赛事、积极推广富有特色的体育品牌,以及创新开发体育旅游产品等多种途径,我们能够吸引来自世界各地的游客和观众,推动不同文化之间的交流与碰撞,进而不断丰富和拓展体育文化软实力的内涵与外延,让体育成为连接世界的桥梁和纽带。

(二)体育文化软实力的特征

体育文化柔性力量,作为一种难以捉摸的潜在能量,因其特有的属性而在社会进步中占据着至关重要的地位。这些属性涵盖了非强制性、隐含性、亲和性、吸引力及扩散力,共同铸就了体育文化柔性力量的独特魅力,使其在发挥作用时更加润物无声、深入人心。

非强制性是体育文化柔性力量的显著标志。与硬性实力形成鲜明对比,体育文化柔性力量并非依赖强制或威胁手段来实现其目标,而是通过吸引、熏陶、启迪等柔和方式,使人们在不自觉中接纳并认同。这种非强制性的特质使得体育文化柔性力量的传播更为自然、流畅,更易于获得人们的接纳与认可。

体育文化的柔性力量中,隐含性无疑是其中一个至关重要的核心特质。这种隐含性并非直接显现，而是巧妙地隐藏在各种形式丰富的体育活动中。它通过运动员们展现出的顽强拼搏精神、团队成员间默契协作的精神，以及比赛中所强调的公平公正精神等具体形式，得以悄然展现。这些精神内涵在不知不觉中，悄然无息地塑造着人们的思维方式和行为习惯。正是由于这种隐含性的特质，使得体育文化的柔性力量能够产生更加深远持久的影响，它在无形中改变着人们的生活态度和价值观念，让人们在参与体育活动的过程中，不自觉地受到熏陶和感染。

亲和性与吸引力，则是体育文化柔性力量的另外两个显著优势。体育活动作为人们日常生活中不可或缺的一部分，本身就具备一种与生俱来的亲和性。它能够让人们在轻松愉快的氛围中感受到运动的魅力和乐趣。同时，体育活动所蕴含的激情、拼搏、协作等精神元素，更是具有强烈的吸引力，能够引发人们的共鸣和关注。这种亲和性与吸引力的特质，使得体育文化的柔性力量在传播过程中更具优势，能够更广泛地触及不同的人群，让更多的人在享受运动的同时，也能够感受到体育文化所带来的正能量和积极影响。

扩散力是体育文化柔性力量的又一显著特点，其一旦形成，体育文化柔性力量便会如涟漪般扩散开来，影响到更为广泛的领域。这种扩散力的特质使得体育文化柔性力量的作用更为广泛，能够在不同领域、不同层面产生深远影响。

（三）提升体育文化软实力对于国家发展的意义

在全球化浪潮的席卷之下，国家间的竞争已然超越单纯的经济、科技领域，延伸至文化软实力的深度较量。作为文化软实力不可或缺的构成要素，体育文化在国家发展中的地位日渐凸显，其影响力不容忽视。

体育文化的力量源自其独特的跨文化交流能力，通过运动这一全球性语言，有效打破语言和文化隔阂，将不同民族、不同国度的人们紧密联结在一起。在国际舞台上，体育竞技不仅是一场场实力的较量，更是一次次文化、价值观的深刻交流与碰撞。通过深化与国际体育组织的合作与交流，积极举办各类国际体育赛事和文化交流活动，我们得以向世界展示本国独特的文化和审美特色，同时也在交流互鉴中汲取他国文化的精髓，实现文化的多元融合。

在国际体育赛事的舞台上，运动员们以出色的表现和高尚的精神品质，生动诠释了国家的形象与实力。他们挥洒汗水的训练日常，以及在赛场上顽强拼搏的每一刻，都成为国家形象的具体化呈现。此外，体育赛事的举办也为国家提供了一个全方位展示文化、艺术、科技等实力的绝佳平台。从开幕式上精彩纷呈的文艺表演，到赛场内外细致入微的布置与安排；从志愿者们热情周到的服务，到观众们文明观赛的良好风尚，无一不彰显着国家的文化底蕴与价值观，进一步加深了国际社会对我国的了解与认同。

同时，体育文化在提升国家凝聚力方面亦发挥着举足轻重的作用。体育赛事往往能够激发国民的爱国热情与集体荣誉感，成为凝聚人心的强大纽带。当国家代表队在国际赛场上斩获佳绩时，全国人民的自豪感与归属感将得到极大增强，这种共同的情感体验无疑将进一步增强国家的凝聚力。

二、中华优秀传统体育与体育文化软实力

中华优秀传统体育与体育文化软实力之间存在着一种深刻且密切的内在联系。作为中华文化的重要构成部分，中华优秀传统体育蕴含了丰富的历史文化精髓与民族精神内核，成为提升体育文化软实力不可或缺的重要资源。

第一，诸如武术、太极拳、龙舟等中华传统体育项目，不仅具备高度的竞技性和观赏性，更承载着深厚的文化底蕴与哲学思想。这些体育项目所展现出的团结协作、拼搏进取、自强不息等精神特质，正是中华民族优秀文化的生动体现。通过大力发展中华传统体育，我们能够向世界展现中华民族的文化魅力，增强国际社会对中华文化的认知与认同，进而提升国家的文化软实力。①

第二，中华传统体育以其身心并重、内外兼修的理念独树一帜，这种修炼方式旨在追求人与自然的和谐统一，展现了其深厚的文化底蕴。这一独特的体育理念和文化特色，无疑对丰富体育文化的内涵、提升其整体价值具有不可估量的意义。因此，广泛推广中华传统体育不仅有助于引导公众树立健康的生活理念和价值观，更能提升国民的整体素质，为国家的长远发展提供坚实的人才保障。

---

① 崔乐泉，林春．基于“文化自信”论中华传统体育文化的传承与发展[J].北京体育大学学报，2018，41（8）：1-8+16.

第三，中华传统体育在艺术性和审美价值方面同样独具魅力。诸如舞龙、舞狮等众多的传统体育项目，不仅融合了音乐、舞蹈、戏剧等多种艺术形式，更展现出别具一格的艺术魅力。这些体育项目的精彩表演和展示，不仅能够吸引更多人的目光和参与，还能极大地丰富人们的文化生活，进一步提升国家的文化形象和软实力。

第四，发展中华传统体育对于推动体育产业的创新发展具有积极的推动作用。在全球化的大背景下，体育产业已经成为国家经济发展的重要支柱之一。通过深入挖掘和开发中华传统体育资源，我们可以打造出具有鲜明民族特色的体育品牌，进而推动体育产业的国际化和市场化发展。这不仅能够为国家的经济发展注入新的活力，还能在国际舞台上展示中华体育文化的独特魅力。

三、提升中华优秀传统体育文化软实力的重要性

（一）助力国家文化软实力的提升

在构筑国家文化软实力的宏大格局中，中华优秀传统体育文化软实力占据着不可或缺的关键地位。这种软实力深深植根于中华民族千年积淀的体育价值体系、精神内核与道德规范之中，共同塑造出中华文化独特且深邃的魅力。通过系统提升中华传统体育文化软实力，我们不仅能够凸显中华文化的独特性与丰富性，更能有效增强国家的文化自尊与自信。

（二）促进国际文化交流与相互理解

体育作为一种跨越国界的通用语言，具备得天独厚的跨文化沟通能力。广泛传播中华传统体育项目及其文化内涵，有助于国际社会更加深入地了解和接纳中国文化，进而增进不同文化间的友谊与合作，共同推动人类文明的进步与发展。

（三）为体育产业的创新发展注入强劲动力

中华传统体育项目蕴含着深厚的历史底蕴与丰富的文化内涵，这些资源具备巨大的市场潜力和商业价值。通过深入挖掘与利用这些资源，我们可以推动体育产业的转型升级与创新发展，为国家的经济增长注入新的活力。

（四）培育新一代文化自信

通过在学校教育等领域广泛推广中华传统体育项目及其文化，我们可以引导青少年树立正确的体育观念与价值导向，增强他们的文化认同感与归属感。这将有助于培养出一批具备坚定文化自信的新一代，他们将成为中华文化传承的重要力量，为国家的未来发展奠定坚实的基础。

四、提升中华优秀传统体育文化软实力的策略

中华传统体育文化，作为中华民族璀璨文明的重要组成部分，蕴含着丰富的历史积淀与独特的文化魅力。然而，在全球化的时代背景下，如何有效保护和传承这一宝贵的文化遗产，并赋予其在现代社会中的新生机，成为亟待解决的重要议题。对此，我们需从多维度出发，进行全面而细致的规划与实施。

（一）加强教育推广

在学校教育体系中，应将中华传统体育文化作为核心内容融入课程设置与教材编写之中，确保学生在接受现代教育的同时，能够深入接触并了解丰富的中华传统体育项目及其所具有的文化精髓。此外，通过举办校园文化活动、邀请传统体育项目传承人举办讲座或现场示范等方式，能够使学生更加直观地感受中华传统体育文化的独特魅力，进而培养起对这一领域的浓厚兴趣与深厚情感。

（二）举办多样化的文化活动与赛事

通过定期举办中华传统体育文化节、比赛和展览等活动，可以充分展示中华传统体育项目的风采与魅力，吸引更多人的关注和参与。这些活动不仅有助于提升中华传统体育文化在社会中的认知度和影响力，还能够促进不同文化之间的交流与融合。在与其他文化的互动中，中华传统体育文化可以汲取新的养分与灵感，实现自我更新与发展。

我们深知中华传统体育项目蕴含着丰富的文化底蕴和独特的魅力，因此，定期举办一系列丰富多彩的中华传统体育文化节、比赛以及展览活动，可以充分展示中华传统体育项目的独特风采与迷人魅力，进一步吸引社会各界的广泛关注与积极参与。通过这些活动的举办，我们希望能够有效提升中华传统体育文化在社会中的认知度和影响力，从而推动其在更广泛的范围内得到传承，促进不同文化之间的深入交流与融合。在与其他文化的互动中，中华传统体育文化可以汲取新的养分与灵感，不断丰富自身的内涵和表现形式。通过这种自我更新与发展的方式，中华传统体育文化将焕发出更加绚丽的光彩，为社会文化的繁荣与发展贡献自己的力量。

（三）媒体宣传与推广

媒体宣传与推广作为提升中华传统体育文化软实力的关键途径，发挥着不可替代的作用。因此，可利用电视、广播、报刊、杂志以及网络新媒体等多种媒介渠道，对中华传统体育文化进行广泛且深入的传播；通过精心策划并制作专题报道、纪录片、短视频等多元化内容形式，将中华传统体育文化的历史脉络、发展现状以及未来展望呈现给广大受众。

同时，与主流媒体建立战略合作关系，共同开展中华传统体育文化推广活动，有助于进一步提升其社会影响力。媒体作为信息传播的重要载体，其力量不可小觑。媒体的广泛传播和深入推广，可以有效提高中华传统体育文化在公众心中的认知度和关注度，从而提升其在现代社会中的竞争力和影响力。

(四)加强国际交流与合作

加强国际交流与合作同样是提升中华传统体育文化软实力的重要途径。我们应积极推动中华传统体育文化走出国门,与世界各地的文化进行广泛而深入的交流。通过互派体育代表团、举办国际体育赛事、参与国际文化交流活动等形式,增进不同文化之间的理解与友谊,展示中华传统体育文化的独特魅力。这不仅有助于拓宽中华传统体育文化的发展空间,还能够借鉴和吸收其他文化的优秀元素和成功经验,为中华传统体育文化注入新的活力。通过与国际接轨,中华传统体育文化可以更好地融入全球文化大家庭,实现更加广泛的传播与发展。

(五)深度挖掘与传承

深入挖掘和系统整理中华传统体育文化,需要我们通过广泛收集相关资料、深入研究各类文献的方式,全方位地了解其深厚的历史背景、丰富的文化内涵和深远的价值意义。同时,还应特别关注传承人的培养和保护工作,积极鼓励他们将宝贵的传统技艺与丰富的经验传承给年轻一代,确保这些技艺能够得以延续并发扬光大。传承人在中华传统体育文化的传承中扮演着举足轻重的角色,他们不仅是这一独特文化的重要承载者,更是其广泛传播的关键力量。正是传承人的存在和他们不懈的努力,才使得中华传统体育文化能够生生不息、历久弥新,绽放出璀璨的光芒。

(六)政策支持与引导

为了推动中华传统体育文化焕发新的生机与活力,政府应当积极制定并落实相关政策,以全面加强对其的支持与引导。

具体而言,政府可以设立专项资金,资助和保护传统体育项目,确保这些宝贵的文化遗产在现代社会中得以延续并焕发新的光彩。这笔资金将用于修复和维护传统体育场馆设施,改善其硬件条件,创造良好的训练与比赛环境。加大对传统体育项目教学水平和比赛质量的提升力度,通过提供专业的教练和培训资源,推动传统体育文化在更高层次上的发展。成立专门机构或组织，致力于推动中华传统体育文化的研究、推广和产业化发展。这些机构将组织专家学者深入挖掘传统体育文化的历史内涵和文化价值，梳理其传承脉络和发展轨迹。通过举办丰富多彩的赛事和展览，向公众普及传统体育文化，提高其在社会中的知名度和影响力。积极推动传统体育文化与旅游、文化创意等产业的融合发展，实现其经济价值和社会价值的最大化。

为了确保中华传统体育文化的发展有章可循、有序进行，政府还应制定明确的发展规划。这些规划将明确传统体育文化的发展目标、重点任务和保障措施，为各级政府和相关部门提供清晰的工作指导和政策支持。通过政策的引导和扶持，中华传统体育文化将在新的时代背景下焕发出更加绚丽的光彩。

（七）培养专业人才

在中华传统体育文化的发展历程中，专业人才的培养一直是其中的重要环节。他们如同中流砥柱，发挥着至关重要的作用。正是这些具备高素质的专业人才，以其深厚的学识和卓越的才能，推动着中华传统体育文化不断焕发新的生机与活力，实现持续的创新与突破。因此，加强中华传统体育文化领域的人才培育工作至关重要。这不仅涉及教练、裁判等一线实践者的培养，还涵盖研究人员等理论工作者的培养。我们需要通过举办各类培训班、开设专业化课程等多种途径，全面提升这些人才在中华传统体育文化领域的专业素养和技能水平。

同时，人才的选拔与激励机制也不容忽视。我们需要构建一套科学、公正的人才评价体系，让真正有才华、有贡献的人才得到应有的认可与回报。这样不仅能够激发更多人的积极性和创造力，为中华传统体育文化的发展注入源源不断的动力，还能够吸引更多优秀人才投身其中，共同推动中华传统体育文化走向更加辉煌的未来。

第二节　进入学校教育领域，培育新一代的文化自信

一、新一代的文化自信现状

在当今时代变迁与社会进步的浪潮中，新一代的文化自信现状展现出了既复杂又多元的特质。他们既对中华文化怀有深厚的认同与自豪情感，又时常面临文化冲击与多元化挑战。这一现状的出现，既源于国家综合实力的增强与国际地位的提升，亦与全球化进程的加速及信息技术的迅猛发展紧密相连。

新一代普遍持有这样一种观点，即本国文化独具魅力与价值，是民族精神不可或缺之要素。这种认同与自豪不仅体现在对中华文化的传承与发展上，更在传播与推广中得以彰显。新一代通过积极参与各类文化活动、深入学习和研究中华文化经典，不断提升自身的文化素养与自信。

然而，新一代在面对文化冲击与多元化挑战时亦显露出困惑与挣扎。全球化的推进与信息技术的革新使得他们得以接触来自世界各地的不同文化，这既拓宽了他们的视野，也引发了文化认同上的迷茫与困惑。在此背景下，需要培养新一代更加开放与包容的心态，使其学会欣赏与尊重多元文化，同时坚守自身的文化自信，保护中华文化。

在教育领域，尽管学校和社会开始关注文化自信的培养，但仍存在诸多不足。部分教育体系仍过于注重应试教育，对文化自信的培育投入不足。这导致新一代在成长过程中对文化经典、名著等文化精髓的接触与阅读相对较少，文化底蕴较为薄弱。为改善这一状况，我们应深化教育改革，加大对学生文化素养与自信的培养力度，使他们在学习科学文化知识的同时，亦能领略中华文化的博大精深。

此外，家庭教育与社会舆论环境亦对新一代的文化自信产生深远影响。部分家庭过于追求经济利益，忽视对传统文化的关注。而社会舆论环境则在一定程度上塑造着新一代的价值观与文化观念，追求速度、效

率与个人利益的社会氛围可能导致他们对文化自信的重要性认识不足。因此，我们应强化家庭教育与社会舆论的引导功能，为新一代营造良好的文化氛围，提供正确的价值观导向。

当然，新一代也具有其独特的优势。他们成长于信息爆炸的时代，具备更加开放与包容的心态，更易接纳与欣赏多元文化。同时，他们注重个性化与自我表达，对文化创新与文化多样性有着更高的追求。这些优势为新一代在文化领域的发展提供了广阔的空间与可能性。

二、中华优秀传统体育提升新一代文化自信的可行性及实践

（一）中华优秀传统体育是提升新一代文化自信的文化基础

1. 中华优秀传统体育是中国传统文化的重要载体和具体表现

中华传统体育深受中国悠久文化的熏陶，其内在蕴含的哲学思辨、道德伦理以及审美理念，均深刻体现了中国传统文化的核心精髓。这些具有悠久历史的体育项目，如武术、太极拳、围棋等，在数百年的传承与发展中，形成了别具一格的技艺和特色，既彰显了古代中国人民的智慧与勇气，又展现了中华民族作为礼仪之邦的独特风采。

中华传统体育，作为一种独特的文化现象，它在传授运动技能的同时，也深深地蕴含着丰富的历史文化底蕴。这些传统的体育项目，不仅仅是对运动者技艺的考验，更是对他们文化素养和历史理解的一次全面检验。比如，对于武术这一博大精深的技艺，研习者需要广泛涉猎中国的历史、哲学、文学等多个领域，才能深入理解其背后的文化内涵和哲学思想，从而真正把握武术的精髓和深意。

此外，中华优秀传统体育还以其鲜明的民族文化特色而独树一帜，它生动地反映了中国古代社会的风貌和人民的生活方式。像龙舟竞渡、舞龙舞狮等传统体育项目，都是中国古代农耕文化的生动写照，它们蕴含着中国人民团结协作、勇往直前的精神力量。这些充满民族特色的体育项目，不仅为人民群众的文化生活增添了丰富的色彩，更成为连接中华民族情感的重要桥梁，对于传承和弘扬中华文化起到了不可替代的作用。

2. 中华优秀传统文化是文化自信的基础和源泉

中华优秀传统文化蕴藏着哲理的智慧、深沉的人文关怀和别具一格的艺术气息，这是中华民族历经千年沧桑岁月所积累下的精神瑰宝。它承载了中华民族厚重的历史记忆，展现了民族独特的价值追求和审美倾向。这份宝贵的文化遗产，在历史的长河中为我们提供了稳固的精神支柱，并在当今全球化的大背景下发挥着不可替代的重要作用。

坚定文化自信，首要之务在于坚守中华文化立场，传承中华文化精髓。我们需深入挖掘中华优秀传统文化的内在精神，弘扬民族精神，激发爱国情怀，促进中华文化的创新性转化和创造性发展。通过讲好中国故事，传播中国声音，我们能够让世界更全面地了解中国，更深入地认同中华文化，进而提升我们的文化软实力和国际影响力。

同时，我们也应认识到，在全球化的浪潮中，文化交流互鉴已成为不可逆转的时代潮流。我们应秉持开放包容的态度，积极汲取世界各国优秀文化成果，促进不同文明之间的对话与交流，共同构建人类命运共同体。在此过程中，中华优秀传统文化的独特魅力和深厚底蕴将发挥更加重要的作用，成为推动人类文明进步的重要力量。

（二）中华传统体育提升新一代文化自信的德育功能

1. 中华传统体育具有丰富的德育内容

中华传统体育体系内蕴含着多样化的项目形式，如武术、龙舟竞渡、赛马、射艺、拔河以及象棋等，这些体育项目均蕴含着丰富的德育元素。以武术为例，其不仅作为一种体育运动形式存在，更承载着修身养性的精神内核。武术强调“以武修德”的核心理念，这一人文主义教育情怀深深植根于武术的习练过程之中。通过深入学习武术，学生能够形成坚韧不拔、自强不息的意志品质，同时也在潜移默化中接受尊重师长、尊重对手、恪守规则的道德教育。这些品质不仅会在体育赛场上得到彰显，更会在他们的日常生活中产生积极的影响，引导他们遵守行为规范，树立正确的道德观念。因此，可以说中华传统体育项目在青少年的道德教育中扮演着举足轻重的角色，为他们的全面发展提供了宝贵的资源和平台。

2. 中华传统体育具有重要的德育功能

中华传统体育文化底蕴是构建文化自信的关键基石，它赋予了个体亲身参与和传承中华传统体育的机会，以更深入地探寻和理解自身的文化根源。通过这一过程，人们能够更加坚定对自身文化的认同感和自豪感，从而进一步增强文化自信。

中华传统体育注重德育教化，将道德品质的培养和意志力的锻炼置于重要位置。这一教育理念与现代社会对于人的全面发展的要求相契合，同时也符合社会主义核心价值观的导向。在参与中华传统体育的过程中，个体不仅能够得到身心的锻炼，更能够在挑战中磨砺意志、培养团结协作精神，并树立公平正义的观念。这些品质和价值观的塑造对于提升文化自信具有积极的推动作用。

中华传统体育的独特魅力也是塑造文化自信的重要因素之一。诸如武术、太极拳等运动项目，不仅具有卓越的健身效果，更展现出丰富的艺术内涵和独特的审美价值。通过学习和传承这些传统体育项目，人们能够更加深入地感受到中华文化的独特魅力，从而更加坚定对自身文化的自信与认同。

随着中华传统体育在世界范围内的影响力不断扩大，越来越多的国际友人开始关注和欣赏中国文化。这不仅有助于提升中国文化的国际地位，更能够激发国内民众对于自身文化的自豪感和自信心，进一步推动文化自信的提升。

（三）中华传统体育提升新一代文化自信的实践作用

中华传统体育，作为中国文化的瑰宝之一，历来在促进国民身心健康与培育社会价值观方面发挥着举足轻重的作用。在当前全球化浪潮下，外来文化不断冲击着新一代的思想观念，而中华传统体育则成为他们辩证审视外来文化影响、深化本土文化理解的重要途径。

第一，中华传统体育注重身心兼修、和谐共生，这与众多外来文化中的体育观念形成鲜明对比。新一代通过亲身参与中华传统体育活动，能够切身体验到不同运动形式所蕴含的价值观，从而对外来文化保持客观理性的态度。他们逐渐认识到，体育在不同文化背景下具有不同的目的和意义，而这并不意味着某种文化具有绝对的优越性。

第二，中华传统体育运动注重团队协作精神和集体的力量，这一点与部分外来文化中过度倾向于凸显个人主义和竞争的理念形成了显著的对比。在参与中华传统体育活动的过程中，新一代不仅逐渐学会了如何在团队中充分展现自己的优势，还学会了如何在激烈的竞争中保持和谐与合作的关系。这种独特的文化体验，使得他们能够更加全面而深入地理解外来文化中所强调的个人主义和竞争观念，从而避免陷入盲目崇拜或是片面排斥的误区之中。

第三，中华传统体育不仅具有深厚的文化底蕴，更蕴含着丰富的哲学思想和道德观念，如强调人与自然和谐共生的"天人合一"理念，以及以柔和的力量化解刚强之敌的"以柔克刚"智慧。这些思想为新一代提供了独特的思考视角，有助于他们更深入地理解和领悟外来文化中的价值观。在面对外来文化的挑战和竞争时，中华传统体育所倡导的和谐、包容与平衡理念，能够引导新一代保持内心的平和与冷静，以更加从容不迫的姿态应对各种挑战，从而更好地实现自我发展和提升。

三、中华传统体育提升新一代文化自信的策略

（一）通过课堂教育提升新一代对优秀传统文化的认知水平

在现今信息纷繁、文化交融的时代背景下，众多年轻群体对于传统体育文化的认知尚显浅薄，甚至存在淡漠心理。因此，通过课堂教育这一重要途径，深化学生对优秀传统体育文化的认知显得尤为迫切。

课堂教育作为连接传统与现代、传承与创新的关键纽带，发挥着不可替代的作用。通过设置系统完善的课程，可以全面地向学生展现传统体育项目的历史渊源、演进轨迹、竞赛规则及其所蕴含的文化内涵，从而引导他们深入理解这些体育项目的独特价值和深远意义。在这个过程中，需要拥有一支技艺精湛的教师团队，他们将发挥专业的教学能力，悉心教导学生掌握运动技能，让学生在实际的体验中深切感受到传统体育那独特而迷人的魅力，以及其中蕴含的无穷乐趣。

课堂教育还是传承和弘扬优秀传统体育文化的重要载体。通过组织一系列丰富多彩、形式多样的实践活动，我们鼓励学生积极投身到传统体育项目中去，让他们在实践中亲身感受其中的挑战与成就。这种亲身参与的方式，不仅有助于激发学生对运动的兴趣，培养他们良好的运动习惯，更能使他们在实践中深化对传统体育文化的理解和认同。

通过课堂教育提升新一代对优秀传统体育文化的认知的实施策略与建议包括如下几个方面：

（1）构建多元化的课程体系。鉴于学生的个性化需求与兴趣点，教育机构应设立多元化的传统体育课程架构，涵盖武术、舞龙舞狮等多种项目，为学生提供更广泛的选择空间。同时，结合地域特色与文化传统，开设富有地方韵味的传统体育课程，使学生在学习过程中能够深刻体验家乡文化的独特魅力。

（2）加强专业化师资队伍的建设。教师在传承与弘扬传统体育文化的过程中扮演着举足轻重的角色。因此，教育机构应加大对教师的培训力度，完善考核机制，以提升其专业素养与教学能力。此外，通过引进优秀人才、建立激励机制等措施，吸引更多有志投身传统体育文化教育事业的人才加入师资队伍。

（3）在教学方法上，教师要勇于创新，积极探索更为生动有趣的教学方式，以此激发学生的学习兴趣与积极性。具体来说，教师可以结合案例分析、角色扮演以及互动游戏等多种教学手段，让学生在愉悦而轻松的氛围中逐渐掌握传统体育的知识与技能；积极利用现代科技手段，如多媒体技术和网络资源，来丰富教学内容和形式，从而提升教学效果，使学生能够更好地理解和应用所学知识。

（4）在体育教学过程中，进一步强化实践性教学环节的重要性。实践教学不仅是深化学生对传统体育文化理解的关键手段，更是推动学生在实践中运用理论知识的关键环节。因此，应当高度重视实践性教学环节的设计与安排，积极组织学生广泛参与各类传统体育活动。通过举办校内外的各类比赛、文化交流活动等，让学生在亲身参与的过程中深刻感受传统体育文化的独特魅力，从而有效提升他们的运动技能和文化素养。这样，我们不仅能够更好地传承和弘扬优秀的传统体育文化，还能够为学生的全面发展奠定坚实的基础。

（5）建立科学完善的评价体系。为及时了解学生的学习状况并调整教学策略，教育机构应构建科学完善的评价体系。通过对学生的学习成果进行定期评估与反馈,教师能够准确把握学生的学习进度与问题,进而调整教学方法和手段,优化教学效果。同时,通过设立激励机制和奖励制度,激励学生积极参与传统体育活动与学习。

(二)通过师承关系培养对优秀传统体育文化的情感

在中国传统体育领域,派系传承机制显得尤为重要,其内部常借助师徒制、家族世袭等模式进行技艺的承袭。师傅们以言传身教、示范引导等方式,将技艺精髓悉心传授于徒弟或后代,旨在确保技艺的纯粹性及其世代相传。师徒制度,这一古老且深邃的教育形式,不仅侧重于徒弟对师父技艺与知识的汲取,更强调对其人生态度、价值观以及生活方式的全面承袭。在传统体育的语境下,这种传承方式尤为关键,因为体育技能的习得仅是表面,更深层次的是文化和精神的代代相传。

表 7-1 中国传统体育的派系

派系		具体细分	风格特色
武术派系	少林派	源于河南少林寺,以禅武合一为特色,注重实战与内功修炼	这些武术派系不仅各自有独特的招式和训练方法,还具有着深厚的文化内涵和哲学思想,通过师徒相传、门派传承的方式得以延续至今
	武当派	源于湖北武当山,注重内家功夫,特别是太极拳、形意拳等	
	峨眉派	源于四川峨眉山,女侠众多,以柔克刚、化劲为力为特点	
	南拳派	包括洪拳、咏春拳等,以南方各省为主,强调短打、贴身搏击	
养生派系	太极拳	注重阴阳平衡、内外兼修,强调以柔克刚,是养生与实战并重的代表	这些养生派系注重身体的调理和保养,通过特定的动作和呼吸方法,达到强身健体、延年益寿的目的
	八段锦	一种古老的健身操,通过简单的动作和呼吸配合,达到调理身体、增强体质的效果	
	五禽戏	模仿虎、鹿、熊、猿、鸟五种动物的动作,以活动筋骨、疏通气血为主要功能	

续表

派系		具体细分	风格特色
民间体育派系	舞龙舞狮	作为庆祝节日和喜庆场合的表演项目,融合了舞蹈、武术和杂技元素	这些民间体育派系深受人民群众喜爱,不仅具有娱乐性,还体现了中华民族的智慧和创造力
	踢毽子	一种简单易行的体育活动,以灵活多变的踢法为特点	
	蹴鞠	古代足球的前身,强调团队合作和技巧运用	

师承关系对于培育个体对优秀传统体育文化的情感认同,无疑是一种卓有成效的途径。

首先,在师承关系的脉络中,徒弟得以深入了解并体验传统体育文化的精髓。师父作为这一文化的坚守者与传承者,不仅具备精湛的体育技艺,更对文化的内核与价值有着深刻的理解。通过跟随师父学习与实践,徒弟能够直接接触并领略到最本真的体育文化风貌,从而逐渐产生对其的浓烈情感。

其次,在师承关系中,徒弟能够得以深刻体验到传统体育文化的博大精深,从而产生对其敬重与热爱的情感。在师徒口传心授的过程中,徒弟不仅需要向师父表达深深的敬意,对师父所传授的技艺与智慧保持敬畏之心,更要对师父所代表的传统文化怀有充分的尊重之情。这种尊重并非空洞的形式,而是会潜移默化地转化为徒弟内心深处对传统体育文化的热爱与珍视。因为在这个过程中,徒弟能够亲身感受到这一文化的独特魅力与重要价值,进而更加珍惜并努力投身于维护与传承的行列。

最后,师承关系还能够激发徒弟对传承传统体育文化的责任感与使命感。作为师父的嫡传弟子,徒弟不仅仅要刻苦钻研技艺、汲取知识,更要肩负起传承和发扬这一文化传统的重任。他们深知,自己所承载的不仅仅是技艺的传承,更是文化的延续与发扬。因此,他们会更加努力地学习、实践与探索,以期能够更好地传承和弘扬传统体育文化,为这类文化的繁荣与发展贡献自己的力量。他们会意识到自己是这类文化链条中的重要一环,有责任将其发扬光大,让更多的人有机会领略其独特魅力。这种责任感与使命感将促使徒弟更加珍视和热爱传统体育文化,为其传承与发展贡献自己的力量。

然而,通过师承关系有效培育徒弟对优秀传统体育文化的情感时,以下几点应予以特别关注：

（1）审慎遴选良师。良师作为学徒学习和进步的核心引领者，其必须具备深厚的体育文化素养和丰富的教育实践经验，以确保传授的体育文化精髓得以传承。

（2）全面投入学习与实操。学徒应全身心地投入对传统体育文化的学习与实践过程中，通过亲身体验和深入探究，加强对体育文化内涵的深刻理解与感悟。

（3）秉持尊重与创新的双重态度。学徒在尊崇良师与传统体育文化的同时，亦需具备勇于创新的精神，尝试将传统元素与现代理念相结合，从而赋予传统体育文化新的活力与吸引力，使其在当今时代焕发出更加璀璨的光芒。

（三）通过训练竞赛培养坚定的文化自信和意志

训练竞赛作为一种充满竞技色彩和教育意义的实践活动，为学生提供了展现自我、磨砺能力的宝贵机会。通过积极参与训练竞赛，学生能够更加深入地领略和体验传统体育文化的精髓，感受到其中所蕴含的智慧和独特魅力。在竞赛的过程中，学生被要求严格遵守传统体育的规则，并体现出体育的竞技精神。这一要求不仅有助于培养学生们形成牢固的规则意识，促使他们在竞技中秉持公平、公正的原则，更能够深化他们对传统体育文化的认识和了解，从而增强他们对这一文化的认同感和自豪感。由此可见，竞赛不仅是一场竞技的较量，更是一次文化的传承和弘扬。

关于传统体育文化在训练竞赛中的传承与创新，我们可以从以下几个维度进行探索：

第一，我们应该积极将传统体育项目融入训练竞赛中。具体而言，可以将诸如武术、舞龙舞狮以及民间舞蹈等独具魅力的传统体育项目融入日常的训练竞赛之中。通过这种方式，学生将有机会亲身参与到这些项目的训练与竞赛中，从而能够深刻体会到传统体育文化的非凡魅力。这样的体验不仅能够增强学生对传统体育文化的认同感和自信心，还有助于他们更好地传承和弘扬这些宝贵的文化。

第二，注重体育精神在训练竞赛中的传承与弘扬。传统体育文化不仅体现在技艺层面，更在于其蕴含的精神内涵。因此，在训练竞赛中，我们应着重强调团结协作、拼搏进取、自强不息等体育精神的传承与践行。通过引导学生深入领会这些精神的实质，并付诸实践，我们可以有效培养学生的意志品质和道德修养，提升他们对传统体育文化的自信。

第三，探索传统体育项目与现代元素的有机结合。在尊重与传承传统体育文化的基础上，我们应积极探索其与现代元素的融合之道。例如，可以尝试将传统体育项目与现代科技手段相结合，创新训练方法和竞赛形式；或者将传统体育文化元素融入现代艺术设计之中，以更具吸引力的方式呈现给学生。这种创新性的尝试不仅有助于激发学生的学习兴趣和参与热情，还能为传统体育文化注入新的活力与魅力。

第三节　走产业化道路，提升体育文化产业核心竞争力

一、体育文化产业的发展

近年来，随着健康观念日益深入人心，体育运动逐渐从传统的竞技领域扩展至大众生活的广阔舞台，成为一种重要的生活方式。这一转变不仅显著提升了人们的健康水平，还极大地推动了体育文化产业的繁荣发展。体育消费市场的不断壮大，不仅体现在体育器材与用品销售量的持续增长，更体现在公众对体育设施及体育培训服务需求的急剧攀升。政府敏锐洞察到这一趋势，出台了一系列政策措施，旨在推动体育文化产业向更高质量的发展阶段迈进。

体育文化产业是一个极具综合性的产业领域，它涵盖了多个相互交织、互为支撑的环节。从运动器材的制造到体育用品的销售，再到体育设施的建设以及体育培训服务的提供，这一系列环节共同构建了一个庞大而复杂的产业链。这个产业链中的每个环节都蕴含着丰富的商业价值与发展潜力，它们相互协作、相互促进，共同推动着体育文化产业的蓬勃发展。

运动器材制造与体育用品销售作为体育文化产业的基础性环节，为产业的持续发展提供了坚实的物质基础。随着科技的飞速进步，运动器材日益智能化、个性化，能够满足不同消费者的多样化需求。同时，体

育用品的种类也日益丰富，从运动服装到运动鞋，从健身器材到户外装备，琳琅满目，为消费者提供了更多的选择空间。这些产品不仅丰富了人们的运动体验，也为体育文化产业的发展注入了强大的动力。

体育设施建设与体育培训服务则是体育文化产业的重要组成部分。随着城市化进程的加快，越来越多的体育设施如雨后春笋般涌现，为公众提供了更加便捷的运动场所。在当今时代，体育培训市场正呈现出蓬勃发展的态势，吸引了大量的消费者积极投身其中，他们纷纷接受专业的运动指导与培训。这一现象的涌现，不仅显著提升了人们的运动技能与健康水平，使得越来越多的人能够享受到运动带来的乐趣与益处，更为体育文化产业的发展注入了源源不断的新活力，推动了整个行业的持续繁荣与进步。

体育文化产业还具有深远的社会意义。它不仅能够切实提升国民的身体素质与健康水平，增强人们的体魄与抵抗力，还能够通过体育运动所蕴含的团队精神、自信心等积极因素，对人们的思想与行为产生潜移默化的正面影响。通过参与体育运动，人们可以保持积极向上的生活态度，形成健康的生活方式与良好的社交习惯，这对于推动社会的和谐发展、增强社会的凝聚力与向心力具有重要意义。

然而，体育文化产业的发展也面临着一些挑战与问题。随着市场竞争的日益激烈与消费者需求的不断变化，体育文化产业必须不断创新与升级，以适应市场的发展与变化。同时，还需要加强与其他产业的融合发展，探索新的商业模式与发展路径，以推动体育文化产业实现更加全面、可持续的发展。

二、产业化助力中华优秀传统体育发展

产业化发展不仅有助于促进传统体育的广泛传播与持续传承，还能催生相关产业，为经济增长注入新活力。

通过产业化运作，传统体育项目得以转化为具备市场竞争优势的产品或服务形式，进而吸引更广泛的群体参与和关注。例如，通过精心策划和组织具有地域特色的传统体育赛事与活动，并借助媒体宣传和商业推广的力量，能够有效提升公众对传统体育项目的认知度和参与度。产业化进程对于相关产业的发展具有不可忽视的积极推动作用。在推进传统体育产业化的过程中，多个领域都将迎来前所未有的发展机遇。

具体来说，体育用品制造行业将得以蓬勃发展，体育设施建设将不断完善，体育旅游也将成为新的经济增长点。这些领域的蓬勃发展，不仅有助于完善相关产业链，形成更加完整、成熟的产业生态，还能为经济增长注入新的活力，开辟新的发展空间。

同时，产业化进程的推进也将吸引更多的资本和人才涌入传统体育产业。这将为体育产业的发展提供强大的动力和支持，推动传统体育产业向更高层次、更大领域发展。通过产业化运作，传统体育项目还能与文化旅游、文化创意等领域实现深度融合，共同打造具有地域特色的文化品牌。这种融合不仅能够丰富和提升中华优秀传统体育的文化内涵和品位，还能提升其国际影响力，推动中华文化更好地走向世界舞台。

在推进传统体育产业化的过程中，仍需注意一些问题。首先，应保护传统体育的原生态和纯正性，避免过度商业化和过度开发对其造成不可逆的损害。其次，需注重培育市场主体和完善市场体系，推动传统体育产业实现市场化运作和规范化发展。同时，政府和社会各界亦应加强政策扶持和法规保障，为传统体育产业的健康发展营造良好环境。

三、中华优秀传统体育产业核心竞争力的提升策略

（一）推动创新融合，焕发传统体育新活力

在科技进步与社会变革的双重影响下，传统体育项目正面临着前所未有的机遇与挑战。为了焕发其生机与活力，我们亟须积极寻求创新融合发展的路径，为传统体育项目注入新的活力与动力。

技术创新是引领传统体育项目转型升级的核心动力。现代科技手段，如智能穿戴设备、大数据分析等技术的广泛应用，正深刻改变着传统体育项目的发展格局。智能穿戴设备具有实时监测运动员生理数据的功能，这使得教练员和运动员得以获取更为详尽、准确的数据反馈。这些数据为训练提供了科学的指导依据，使得训练过程更加精准、有针对性。通过运用大数据分析技术，教练团队能够深入剖析运动员的竞技状态、技术特点等，从而更加全面地了解运动员的竞技状况。这些分析结果不仅有助于教练团队制订更为合理的训练计划，还为比赛策略的制

定提供了有力的数据支持,从而有助于提升运动员的整体竞技水平。

将地方特色和传统文化融入赛事之中,能够打造别具一格、魅力四溢的传统体育赛事,从而吸引更多观众的目光。利用网络平台进行赛事直播和互动,不仅能够让更多的人目睹赛事的激烈与精彩,还能进一步扩大赛事的影响力,让更多人领略到传统体育项目所散发出的独特魅力。通过这种方式,我们希望能够推动传统体育项目的创新发展,让其在现代社会中焕发出更加璀璨的光芒。

产业融合对于提升传统体育项目竞争力而言,更具有显著的意义和深远的影响。具体来说,通过促进传统体育产业与旅游、文化、教育等相关产业之间的深度交融与协同发展,推动优势互补,实现资源共享与互利共赢。例如,精心策划和组织传统体育赛事,不仅可以吸引大量游客前来观赛和体验,推动旅游业的繁荣发展,为当地经济注入新的活力,还可以将传统体育项目巧妙地融入各类文化活动中,使其与文化元素相互交织、相得益彰,进而丰富文化内涵,提升文化软实力。

将传统体育项目纳入教育体系也是一项重要举措,这不仅可以激发学生对体育运动的兴趣和热情,培养他们的运动习惯和健康生活方式,而且可以为培养具备综合素质和能力的高素质人才贡献力量。通过这些举措的实施,我们可以进一步推动产业融合向纵深发展,为传统体育项目注入新的活力与动能,提升其在国内外市场的竞争力。

(二)拓展市场与创建品牌,提升传统体育项目的影响力

为了提升传统体育项目的影响力,必须积极拓展市场并强化品牌建设。制定具有针对性的市场营销战略至关重要。利用社交媒体、广告等多种媒介进行广泛宣传,可以有效提升传统体育项目的知名度与口碑。同时,通过策划举办特色活动、积极参与公益事业等途径,也能显著提升公众对传统体育项目的关注度与参与热情。

此外,加强与国际体育组织的合作与交流同样不可或缺。通过引进国际先进的理念与技术,可以推动传统体育项目走向世界舞台。此举不仅能够提升我国传统体育项目在国际上的地位与影响力,还能为其注入新的生机与发展动力。

品牌建设与维护亦是提升传统体育项目影响力的重要途径。打造具有鲜明地方特色及国际影响力的传统体育品牌,并加强品牌形象的塑造与维护,对于提升品牌价值至关重要。通过提升品牌价值,可以吸引更多赞助商与合作伙伴的青睐,从而为传统体育项目的发展提供更为丰富的资源与强劲的支持。

参考文献

[1] 赖水香，刘芬梅．传统体育文化体系研究 [M]. 长春：吉林出版集团股份有限公司，2019.

[2] 苏航．民族传统体育文化传承创新研究 [M]. 南昌：江西科学技术出版社，2017.

[3] 单丽．新时代的中华优秀传统文化与文化自信的建立研究 [M]. 北京：中国纺织出版社，2021.

[4] 纪亚光．中国近现代史基本问题研究 [M]. 北京：北京师范大学出版社，2018.

[5] 李程骅．文化自信 [M]. 南京：江苏人民出版社，2018.

[6] 张丰．非遗保护视角下民族传统体育文化的传承与发展研究 [M]. 长春：吉林大学出版社，2022.

[7] 蔡静．跨文化交际中的文化自信研究 [M]. 北京：新华出版社，2022.

[8] 王智慧．文化记忆与社会变迁 传统体育文化的代际传递 [M]. 北京：社会科学文献出版社，2022.

[9] 李光，肖珑，吴向东，等．中华优秀传统文化 [M]. 北京：北京理工大学出版社，2020.

[10] 王昕光，赵云鹏，吴伟．传统体育文化研究 [M]. 太原：山西经济出版社，2020.

[11] 吕韶钧．中国功夫 [M]. 苏州：古吴轩出版社，2010.

[12] 贾鸿雁，张天来．中华文化遗产概览 [M]. 南京：东南大学出版社，2015.

[13] 尚连山．体验非遗 [M]. 北京：中国社会出版社，2013.

[14] 宋俊华，王开桃，康保成．非物质文化遗产保护研究 [M]. 广州：中山大学出版社，2013.

[15] 李瑞娟 . 基于文化自信视域下优秀传统文化的传承与发展研究 [M]. 长沙：中南大学出版社，2022.

[16] 易存国 . 中国艺术论：从非物质文化遗产的视角 [M]. 南京：江苏人民出版社，2012.

[17] 张东徽 . 体育非物质文化遗产的保护、传承与发展 [M]. 北京：化学工业出版社，2021.

[18] 何登发，罗强，李艳艳 . 体育人文素质的探索与实践 [M]. 北京：中国书籍出版社，2017.

[19] 苑利，顾军 . 非物质文化遗产学 [M]. 北京：高等教育出版社，2009.

[20] 张世威 . 乌江流域民族传统体育文化通融性考论 [M]. 北京：中国社会科学出版社，2018.

[21] 雷慧 . 甘肃传统体育回顾与展望 [M]. 兰州：甘肃民族出版社，2012.

[22] 陆通 . 中华优秀传统文化与文化自信 [M]. 长春：吉林出版集团股份有限公司，2018.

[23] 石丽华，吕涛 . 我国民族传统体育文化传承与发展研究 [M]. 太原：山西经济出版社，2021.

[24] 陈晓梅 . 民族传统体育文化的弘扬与典型项目教学指导 [M]. 北京：中国水利水电出版社，2016.

[25] 谢明川 . 民族传统体育文化的继承保护与创新发展研究 [M]. 北京：中国纺织出版社，2020.

[26] 杨妮 . 中国旅游文化 [M]. 西安：西安交通大学出版社，2011.

[27] 陈振勇 . 奥运语境下武术文化的发展与审视 [M]. 成都：四川大学出版社，2008.

[28] 周俊，李山，王琛，等 . 高校学术文库体育研究论著丛刊 体育理论多元分析与运动保健研究 [M]. 北京：中国书籍出版社，2018.

[29] 黄聪，袁冰 . 中国古代民族体育资源开发利用研究 [M]. 北京：科学出版社，2014.

[30] 周姝熠 . 非遗视角下民族传统体育文化保护与传承研究 [M]. 延吉：延边大学出版社，2022.

[31] 田玲玲，王清 . 我国民族传统体育文化的传承与发展研究 [M]. 北京：中国水利水电出版社，2018.

[32] 肖锋 . 非物质文化遗产的保护与产业研发 [M]. 北京：人民日报出版社，2016.

[33] 马波 . 现代教育理念下体育教学的发展和探索 [M]. 北京：中国商务出版社，2016.

[34] 李刚，柴春胜，冯锦华 . 解读民族传统体育文化 [M]. 北京：中国商务出版社，2009.

[35] 刘卫华 . 中华优秀传统体育文化对外译介跨文化传播研究 [M]. 成都：电子科技大学出版社，2019.

[36] 季本平 . 新时期体育文化的传播与多元发展探索 [M]. 北京：中国书籍出版社，2022.

[37] 张建云 . 中国传统文化的根本精神及其时代价值 [J]. 求索，2017（8）：180-187.

[38] 庞飞，李程骅 . 文化自信的多维认知与建构逻辑 [D]. 南京：南京大学社会学院，2018.

[39] 俞雅琪 . 国民中华优秀传统文化自信培育研究 [D]. 临汾：山西师范大学，2018.

[40] 李莹，杨风雷 . 论发展民族传统体育提升文化自信的价值和策略 [J]. 体育文化导刊，2020（2）：1-5.

[41] 罗雪琳 . 我国中华民族传统体育文化资源特征研究 [D]. 西安：西安体育学院，2010.

[42] 石文颜 . "非遗"视角下传统武术传承与发展研究 [J]. 武术研究，2020，5（3）：16-18+23.

[43] 康娜娜，张志彬 . 我国民族传统体育非物质文化遗产传承人的法律地位 [J]. 体育成人教育学刊，2013，29（1）：19-21.

[44] 刘雨，李欣 . 少数民族体育非物质文化遗产的数字化保护研究 [J]. 西安体育学院学报，2019，36（4）：469-473.

[45] 李明 . "一带一路" 倡议下民族传统体育文化的国际传播策略研究 [J]. 遵义师范学院学报，2019，21（1）：159-162.

[46] 丁永亮，史国生，孙国友 . 习近平总书记关于体育工作重要论述的丰富内涵、逻辑体系和本质特征研究 [J]. 体育学研究，2022，36（6）：97-106.

[47] 杨彦杰 . 民族传统体育文化的传承与发展分析 [J]. 中国民族博览，2022（2）：111-113.

[48] 王建 . 体育文化软实力的作用机制 [J]. 江西社会科学，2015，35（12）：234-239.

[49] 崔乐泉，林春 . 基于“文化自信”论中华传统体育文化的传承与发展 [J]. 北京体育大学学报，2018，41（8）：1-8+16.